ARISTÓTELES PARA *Todos*

UMA INTRODUÇÃO SIMPLES A UM PENSAMENTO COMPLEXO

Copyright © 1978 by Mortimer J. Adler
Publicado por meio de acordo com a editora original, Scribner, uma divisão da Simon
& Schuster, Inc. Publicado originalmente nos Estados Unidos, em 1978, pela Scribner
Publishing, New York, sob o título *Aristotle for Everybory: Difficult Thought Made Easy*. Esta edição
foi traduzida da edição de 1997, da Simon & Schuster, New York, Estados Unidos.
Copyright © 2010 É Realizações
Título original: *Aristotle for Everybory: Difficult Thought Made Easy*

Editor
Edson Manoel de Oliveira Filho
Produção editorial, capa e projeto gráfico
É Realizações Editora
Preparação de texto
Nelson Luis Barbosa
Revisão
Camila Werner e Alyne Azuma

Reservados todos os direitos desta obra. Proibida toda e qualquer reprodução
desta edição por qualquer meio ou forma, seja ela eletrônica ou mecânica, fotocópia,
gravação ou qualquer outro meio de reprodução, sem permissão expressa do editor.

DADOS INTERNACIONAIS DE CATALOGAÇÃO NA PUBLICAÇÃO (CIP)
(CÂMARA BRASILEIRA DO LIVRO, SP, BRASIL)

Adler, Mortimer J., 1902-2001.
 Aristóteles para todos : uma introdução simples a um pensamento complexo /
Mortimer J. Adler; tradução Pedro Sette-Câmara. — São Paulo : É Realizações, 2010.

 Título original: Aristotle for everybody.
 ISBN 978-85-8033-003-8

 1. Aristóteles I. Título.

10-08558 CDD-185

Índices para catálogo sistemático:
1. Aristóteles : Obras filosóficas 185

É Realizações Editora, Livraria e Distribuidora Ltda
Rua França Pinto, 498 · São Paulo SP · 04016-002
Telefone: (5511) 5572 5363
atendimento@erealizacoes.com.br · www.erealizacoes.com.br

Este livro foi impresso pela Assahi Gráfica em abril de 2024. Os tipos usados são da família Weiss BT, Perpetua Titling
e Bernhard ModBT. O papel do miolo é o Lux Cream 70 g., e o da capa, Ningbo C2S 250 g.

ARISTÓTELES PARA *Todos*

UMA INTRODUÇÃO SIMPLES A UM PENSAMENTO COMPLEXO

MORTIMER J. ADLER

Tradução
PEDRO SETTE-CÂMARA

7ª impressão

SUMÁRIO

Prefácio 7
Introdução 9

PARTE I – O HOMEM COMO ANIMAL FILOSÓFICO

    1. Jogos filosóficos 17
    2. A grande divisória 23
    3. As três dimensões do homem 29

PARTE II – O HOMEM COMO FAZEDOR

    4. Crusoé segundo Aristóteles 35
    5. Mudança e permanência 41
    6. As quatro causas 49
    7. Ser e não ser 59
    8. Ideias produtivas e saber prático 67

PARTE III – O HOMEM COMO ATOR

    9. Pensando sobre fins e meios 79
    10. Viver e viver bem 85
    11. Bom, melhor, o melhor 91
    12. Como buscar a felicidade 99
    13. Bons hábitos e boa sorte 107
    14. O que os outros têm o direito de esperar de nós 115
    15. O que temos o direito de esperar dos outros e do Estado 123

PARTE IV – O HOMEM COMO CONHECEDOR

    16. O que entra na mente e o que sai dela 133
    17. Os termos peculiares da lógica 143

18. Dizer a verdade e pensá-la 153
19. Além de dúvida razoável 161

PARTE V – QUESTÕES FILOSÓFICAS DIFÍCEIS

20. A infinitude 171
21. A eternidade 175
22. A imaterialidade da mente 179
23. Deus 185

EPÍLOGO

Para aqueles que leram ou querem ler Aristóteles 191

PREFÁCIO

Assim que tive a ideia de fazer este livro, pensei em chamá-lo *Aristóteles das Crianças* ou *Aristóteles para Crianças*. Mas esses títulos não representariam com exatidão a plateia a que essa exposição simples e fácil da obra de Aristóteles se destina. A plateia, acreditava, eram *todos* – de qualquer idade, a partir dos doze ou quatorze anos. Por isso o título escolhido, bem como o subtítulo "Uma introdução simples a um pensamento complexo" e a afirmação de que este livro é *uma introdução ao senso comum*.

Quando digo "todos", quero dizer todos *menos* os filósofos profissionais; em outras palavras, todas as pessoas de experiência e inteligência comuns, que não foram maculadas pela sofisticação e pela especialização do pensamento acadêmico. Ainda assim, acrescentei um epílogo que pode ser útil aos estudantes de filosofia que lerem este livro, e que pode ser usado como guia de leitura das obras de Aristóteles sobre os assuntos tratados no livro.

Meus dois filhos, Douglas e Philip (com treze e onze anos, respectivamente), leram o manuscrito à medida que ele saía da minha máquina de escrever em Aspen no verão passado. Agradeço-lhes por seu entusiasmo e por suas sugestões.

Desejo ainda manifestar minha gratidão a Rosemary Barnes, que na mesma época leu e criticou o manuscrito em sua íntegra, e também a meus colegas do Institute for Philosophical Research, que contribuíram com sugestões: John Van Doren, Otto Bird e Charles Van Doren. Posteriormente, pouco antes de o livro ser composto, Caroline, minha esposa, leu-o inteiro e fez sugestões para melhorá-lo, pelas quais sou grato.

Como sempre, devo muito a Marlys Allen, minha secretária editorial, por seus esforços incansáveis em todas as fases da produção deste livro.

Mortimer J. Adler
Chicago, 28 de dezembro de 1977

INTRODUÇÃO

Por que Aristóteles?

Por que para todos?

E por que uma exposição do pensamento aristotélico para o público leigo equivale a uma introdução ao senso comum?[1]

Essas três perguntas terão respostas melhores depois que eu responder a outra pergunta. Por que a filosofia? Por que todos deveriam aprender a pensar filosoficamente – a fazer as questões pungentes que as crianças e os filósofos fazem, e a que os filósofos às vezes respondem?

Há muito tempo creio que todos deveriam ocupar-se da filosofia – mas não para obter mais informações sobre o mundo, sobre a sociedade ou sobre nós mesmos. Para isso, o melhor é voltar-se para as ciências sociais e para a história. A filosofia nos é útil de outro jeito – ela nos ajuda a compreender coisas que já sabemos, a compreendê-las melhor do que agora. É por isso que todos deveriam aprender a pensar filosoficamente.

Para servir a esse propósito, não há professor melhor do que Aristóteles. Não hesito em recomendá-lo como o primeiro professor. Platão, talvez, seria o único outro professor a recomendar, mas creio que ele é o segundo melhor. Platão propôs quase todas as questões com que havemos de deparar; Aristóteles também as propôs, e ainda ofereceu respostas claras a elas. Platão ensinou Aristóteles a pensar filosoficamente, mas ele aprendeu tão bem a lição que se tornou o melhor professor para todos nós.

---

[1] Adler fala em *common sense*, que tem o sentido habitual de "bom senso", e não de "senso comum". Em português, o "senso comum" é normalmente entendido como o conjunto das opiniões correntes. Em inglês, *common sense* é primariamente a capacidade de ser razoável, sensato, mas também pode ter sentido equivalente ao "senso comum". Como Adler discutirá a palavra *common*, optamos por traduzir a expressão como "senso comum", mas o leitor deve ficar advertido de que seu uso em inglês não tem equivalente em português. (N. T.)

Como nosso interesse é aprender a pensar como Aristóteles, aquilo que Aristóteles pensou é mais importante do que quem ele foi ou quando e como ele viveu. Os séculos e as mudanças que o separam de nós podem fazer que as condições de sua vida e da sociedade em que ele viveu nos pareçam estranhas; mas, como tentarei explicar, elas não fazem que o estilo ou o conteúdo de seu pensamento nos pareça estranho.

Aristóteles nasceu em 384 a.C., na cidade macedônica de Estagira, na costa norte do mar Egeu. Seu pai era médico na corte do rei da Macedônia. O neto do rei tornou-se Alexandre Magno, de quem Aristóteles veio a ser tutor e amigo.

Aos dezoito anos, Aristóteles foi morar em Atenas e entrou na Academia de Platão para estudar filosofia. Não demorou para que Platão achasse que Aristóteles era um aluno problemático, que questionava seus ensinamentos e discordava dele abertamente. Quando Platão morreu, e Alexandre passou a dominar a Grécia, Aristóteles abriu sua própria escola, o Liceu. Isso foi em 335 a.C.

O Liceu tinha uma boa biblioteca, uma extensa coleção de mapas e um zoológico, no qual Aristóteles colecionava espécimes de vida animal. Diz-se que alguns deles foram enviados por Alexandre das terras que conquistava. Quando Alexandre morreu, em 323 a.C., Aristóteles deixou Atenas e exilou-se numa das ilhas do mar Egeu, onde veio a falecer um ano depois, aos 63 anos.

Aristóteles viveu numa sociedade em que os cidadãos dispunham de tempo livre para dedicar-se aos passatempos do ócio porque tinham escravos para cuidar de suas propriedades e para fazer os trabalhos braçais. Naquela sociedade, as mulheres também ocupavam uma posição de inferioridade. Platão, ao projetar as instituições do Estado ideal, propôs que todos os cargos políticos, com a exceção de chefe das Forças Armadas, estivessem abertos às mulheres, porque ele considerava os homens e as mulheres essencialmente iguais; já Aristóteles aceitava a visão convencional de sua época a respeito da inferioridade das mulheres.

Falarei mais, num capítulo posterior, a respeito das ideias de Aristóteles sobre a escravidão e as mulheres. Aqui quero deixar claro que o fato de eu usar palavras como "homem", "homens" e "humanidade"[2] em seu sentido genérico para designar seres humanos dos dois gêneros, e não apenas a parte masculina da população, não deve ser tomado como sinal de que compartilho a visão de Aristóteles sobre as mulheres. Pelo contrário: nesse ponto, sou platonista.

Algumas pessoas talvez considerem a antiguidade de Aristóteles uma desvantagem. Talvez achem que seria melhor ter como professor alguém que estivesse vivo hoje – alguém que conhecesse o mundo em que vivemos, alguém que conhecesse aquilo que a ciência moderna descobriu sobre este mundo. Não concordo com essas pessoas.

Apesar de Aristóteles ter sido um grego que viveu há 25 séculos, ele conhecia as linhas gerais do mundo em que vivemos bem o suficiente para falar sobre ele como se estivesse vivo hoje. No que diz respeito a sua capacidade de nos ajudar a pensar filosoficamente, Aristóteles não seria melhor professor se conhecesse tudo que os cientistas modernos conhecem.

Em seu projeto de entender a natureza, Aristóteles começou onde todos deveriam começar – naquilo que já sabia, graças à sua experiência comum, cotidiana. Por partir dela, seu pensamento valeu-se de ideias que todos nós possuímos, não porque nos foram ensinadas na escola, mas porque constituem o patrimônio comum do pensamento humano a respeito de tudo.

Às vezes dizemos que essas ideias compõem o nosso senso comum. São as ideias que formamos a partir da experiência comum de nossas vidas cotidianas – experiências que temos sem nenhum esforço investigativo, experiências que temos simplesmente porque estamos despertos e conscientes. Além disso, essas ideias comuns são ideias que conseguimos expressar com as palavras comuns que usamos na linguagem de todos os dias.

Perdoe-me se repito demais a palavra "comum". Não tenho como evitar isso, e tenho de destacar essa palavra porque seu significado está no coração de meu raciocínio. Nem tudo é comum. Há muitas coisas que chamamos nossas, mas há outras que admitimos não ser exclusivamente nossas. Nós as

---

[2] Em inglês, *mankind* ("humanidade") mantém o "machismo". (N. T.)

compartilhamos com outros, como um livro que nossos amigos tenham lido, ou um filme de que alguns de nós gostamos, ou uma casa que é compartilhada por todos os membros de uma família quando vivem juntos nela.

As coisas que dividimos são comuns. Há muitas coisas que são divididas por grupos diferentes de pessoas. Outras, em menor número, são divididas por todos nós, e compartilhadas por todos nós, simplesmente porque somos todos humanos. É este último sentido da palavra "comum", o sentido de abarcar a todos, que tenho em mente quando falo de experiências comuns e de ideias comuns, ou quando digo que o senso comum é comum.

As ideias do senso comum são expressas por palavras como "coisa", "corpo", "mente", "mudança", "causa", "parte", "todo", "um", "muitos" etc. A maioria de nós vem usando essas palavras e ideias há muito tempo — desde a infância. Começamos a usá-las para falar de experiências que todos tivemos — de coisas em movimento ou em repouso, de plantas que crescem, de animais que nascem e morrem, de sentar e levantar, de dores e sofrimentos, de dormir, sonhar e acordar, de nutrir e exercitar nossos corpos, e de tomar decisões.

Eu poderia ampliar essa lista de experiências comuns, assim como poderia ampliar a lista das palavras comuns que usamos e das ideias comuns que possuímos. Mas mesmo sem os acréscimos que poderíamos fazer, é preciso que fique claro que as palavras, experiências e ideias que mencionei são todas comuns — não pertencem exclusivamente a você, nem a mim, nem a ninguém.

Em contrapartida, as coisas que os cientistas observam em seus laboratórios, ou que os exploradores observam em suas expedições, são experiências muito especiais. Podemos conhecê-las por meio de seus relatórios, mas normalmente nós mesmos não as testemunhamos.

A humanidade aprendeu muito desde a época de Aristóteles, graças, sobretudo, às descobertas da ciência moderna. A ciência aplicada criou um mundo e um modo de vida muito diferentes de seu mundo e de seu modo de vida. Ele não tinha carro, não podia falar ao telefone, nunca viu o que se pode ver num microscópio ou num telescópio, não pôde enxergar a superfície da lua, e nunca ouviu da boca de homens que andaram nela uma descrição de sua superfície. Mas Aristóteles teve as mesmas experiências comuns em sua época que temos na nossa. Seu modo de refletir a respeito delas permitiu que ele as compreendesse melhor do que a maioria de nós.

É por isso, e só por isso, que ele pode nos ajudar a entender melhor essas experiências comuns, e ajudar-nos a compreender nós mesmos e nossa vida, e também o mundo e a sociedade em que vivemos, ainda que nosso estilo de vida, nosso mundo e nossa sociedade sejam diferentes dos dele.

O pensamento de Aristóteles *começou* com o senso comum, mas não *parou* nele. Foi muito além, acrescentando ao senso comum percepções e entendimentos que nada têm de comuns, e cercando-o desses. Sua compreensão das coisas é mais profunda do que a nossa, e às vezes voa mais alto. Trata-se, numa palavra, de um senso comum *incomum*.

Essa é sua grande contribuição para todos nós. O que tentarei fazer neste livro é tornar seu senso comum *incomum* mais fácil de entender. Se ele se tornar mais fácil de entender, talvez se torne até menos incomum.

Parte I

O Homem como Animal Filosófico

1
JOGOS FILOSÓFICOS

Muitos de nós jogamos dois jogos sem perceber que eles nos faziam um pouco filósofos. Um se chama "Animal, Vegetal, Mineral"; o outro, "Vinte Perguntas".

Os dois jogos consistem em fazer perguntas. Todavia, não é isso que os torna filosóficos, mas o que está por trás deles: um grupo de categorias, um esquema classificatório. Todos nós conhecemos o processo de classificar coisas, de colocá-las nesta ou naquela categoria. Todos fazemos isso em algum momento – os comerciantes, quando inventariam os itens em suas prateleiras; os bibliotecários, quando catalogam livros; os secretários, quando arquivam cartas ou documentos. Mas quando os objetos a serem classificados são os conteúdos do mundo físico, ou o universo cada vez maior que inclui o mundo físico, a filosofia entra em cena.

Os dois jogos – "Animal, Vegetal, Mineral" e "Vinte Perguntas" – às vezes são jogados como se fossem idênticos. Isso acontece quando a primeira pergunta da série de vinte é "Animal, vegetal ou mineral?", tendo por objetivo determinar se o objeto em que se está pensando faz parte de uma dessas três grandes categorias ou classes de coisas físicas. Se, por exemplo, o objeto escolhido for uma figura geométrica, como um círculo, ou um número, como a raiz quadrada de menos 1, ou se for um dos deuses gregos, como Zeus, Apolo ou Atena, perguntar se o objeto em questão é animal, vegetal ou mineral não vai – ao menos não deveria – levar a qualquer resposta.

O propósito do jogo de vinte perguntas, quando não começa com a pergunta "Animal, vegetal ou mineral?", é descobrir um objeto que pode ser pensado por qualquer pessoa. Ele não se limita a objetos que sejam coisas físicas. Dos dois jogos, é o que tem mais chance de nos fazer pensar filosoficamente sem nos darmos conta disso. Para nos darmos conta disso, precisamos da ajuda de Aristóteles.

Aristóteles tinha uma grande capacidade de classificação, e também de fazer perguntas. O pensamento filosófico começava com perguntas — perguntas que pode ser respondidas a partir de nossa experiência comum, cotidiana, e de alguma reflexão sobre essa experiência que leva a um aguçamento e a um refinamento de nosso senso comum.

Animal, vegetal e mineral é uma divisão pronta, tripla, de coisas que se pode encontrar no mundo físico. Mas usamos a palavra "mineral" de modo vago quando a usamos para referir todas as coisas físicas que ficam de um dos lados da linha divisória entre os organismos vivos e as coisas inanimadas — entre pés de roseiras ou ratos e paus ou pedras. Nem todas as coisas inanimadas são minerais, como o ouro ou a prata que cavamos de depósitos no solo. Algumas são formações rochosas da superfície ou do interior da Terra; outras são formas materiais em estado líquido ou gasoso.

Dentro da categoria de corpos não vivos ou inanimados vagamente abrangida pelo termo "mineral", Aristóteles nos faria distinguir entre corpos simples e compostos. Um corpo elementar, segundo Aristóteles, é composto por um único tipo de matéria — por exemplo, ouro, cobre ou zinco. Já um corpo composto é feito por dois ou mais tipos de matéria, como o bronze, que é uma mistura de cobre e zinco. Mas, para Aristóteles, a distinção mais importante é a que separa as coisas vivas das não vivas.

*

O que diferencia todos os organismos vivos dos corpos inertes, sejam eles corpos elementares ou compostos? A partir de nossa experiência comum dos organismos vivos, sabemos que todos eles têm certas características comuns. Eles se nutrem; crescem; se reproduzem.

Entre os organismos vivos, o que diferencia as plantas dos animais? Mais uma vez, a partir de nossa experiência comum, sabemos que os animais têm certas características comuns que as plantas não têm. Eles não têm raízes na terra como as plantas; eles têm a capacidade de ir de um lugar a outro por seus próprios meios de locomoção. Sua nutrição não vem do ar e do solo, como a das plantas. Além disso, a maioria dos animais tem órgãos dos sentidos.

A linha divisória entre os corpos inertes e os organismos vivos às vezes nos leva a perguntar de que lado ficariam determinadas coisas. Isso também vale para a linha divisória entre as plantas e os animais. Por exemplo, algumas plantas parecem ter sensibilidade, ainda que não tenham órgãos de sentidos, como olhos ou ouvidos. Alguns animais, como os moluscos de concha, parecem não ter a capacidade de locomoção; assim como as plantas, eles parecem estar enraizados em algum lugar.

Ao classificar as coisas físicas como corpos inanimados, plantas e animais, Aristóteles sabia que sua divisão de todas as coisas físicas nessas três grandes classes não excluía casos limítrofes – coisas que sob um certo aspecto parecem estar de um lado da linha divisória e que, sob outro, parecem estar do outro lado. Ele sabia que, no mundo dos corpos, a transição das coisas sem vida para as coisas vivas e da vida vegetal para a vida animal é gradual, e não límpida, uma questão de tudo ou nada.

Ainda assim, Aristóteles continuou achando que as diferenças entre os corpos vivos e os não vivos e entre as plantas e os animais faziam deles tipos de coisas bem diferentes. Sua razão para pensar assim era a seguinte.

Se, para começar, não reconhecêssemos nem compreendêssemos a nítida distinção entre uma pedra e um rato, jamais ficaríamos perplexos diante de alguma coisa que fosse difícil de classificar como viva ou não viva. Do mesmo modo, se não reconhecêssemos a nítida distinção entre um pé de roseira e um cavalo, jamais nos perguntaríamos se um certo espécime de organismo vivo é vegetal ou animal.

Assim como os animais são um tipo peculiar de organismo vivo por desempenhar funções que as plantas não desempenham, os seres humanos, por uma razão análoga, são um tipo peculiar de animal. Eles desempenham certas funções que outros animais não desempenham, como fazer perguntas genéricas e buscar respostas para elas por meio da observação e da reflexão. É por isso que Aristóteles chamou os seres humanos de animais racionais – animais que questionam e que pensam, que são capazes de pensar filosoficamente.

Pode haver animais que parecem ter um pé em cada lado da divisória que separa os humanos dos não humanos. Recentemente descobriu-se que os botos e os chimpanzés têm inteligência suficiente para comunicar-se de forma rudimentar. Mas eles não parecem propor a si próprios, ou uns aos outros, questões sobre a natureza das coisas, nem parecem tentar, de jeito nenhum, descobrir as respostas por conta própria. Podemos até dizer que esses animais são quase humanos, mas não os incluímos entre os membros da raça humana.

*

Aristóteles acreditava que cada tipo distinto de coisa tinha uma natureza que a distinguia de todas as outras. O que diferencia uma classe de coisas de tudo o mais define a natureza de cada ente individual que pertence àquela classe. Quando falamos de natureza humana, por exemplo, estamos simplesmente dizendo que todos os seres humanos têm certas características, e que essas características os diferenciam dos outros animais, dos vegetais e das coisas inanimadas.

O esquema de classificação aristotélico organizou as cinco principais classes de coisas físicas em ordem ascendente. Ele colocou os corpos elementares e compostos na base da escala. Cada uma das classes superiores é superior a outra porque possui as características da classe inferior e, além delas, possui certas características distintivas que a classe inferior não possui.

Na escala das coisas naturais, o animado é uma forma de existência superior ao inanimado; os animais são uma forma de vida superior às plantas; a vida humana é a mais elevada forma de vida na Terra.

Todos os organismos vivos, assim como todos os corpos inanimados ocupam espaço e têm peso, mas, além disso, como observamos, eles comem, crescem e se reproduzem. Por serem organismos vivos, os animais, assim como as plantas, desenvolvem essas funções vitais, mas também desempenham certas funções que as plantas não desempenham. No topo da escala estão os seres humanos, que exercem todas as funções vitais exercidas por outros animais e, além disso, têm a capacidade de buscar conhecimento propondo e respondendo perguntas e têm a capacidade de pensar filosoficamente.

Claro que se pode dizer que muitos dos animais superiores pensam, e até que os computadores pensam. Também não é verdade que só os seres humanos têm inteligência. Em graus diversos, a inteligência pode ser encontrada em todo o mundo animal, assim como pode ser encontrada em diversos graus em membros da raça humana. Todavia, o tipo peculiar de pensamento que permite que se proponha e que se responda questões filosóficas distingue os seres humanos dos outros animais. Não há outro animal que jogue jogos filosóficos.

*

No mundo de coisas físicas que Aristóteles divide em cinco grandes classes, a palavra "corpo" dá nome à classe que abrange tudo. Não existe uma subclasse da qual os corpos sejam uma subclasse. Toda *coisa* no mundo *físico* é um *corpo* de algum tipo.

Será que, se passarmos ao extremo oposto, encontraremos uma subclasse de corpos que nos obrigará a parar, porque não podemos dividi-la em subclasses menores? Será que a espécie humana é uma subclasse de animais dessa ordem?

Diante dessa questão, a maioria de nós provavelmente pensa logo em diferentes raças ou variedades de homens – diferenciados pela cor da pele, por características faciais, pelo formato da cabeça etc. Por que essas características não dividem os seres humanos em diferentes tipos ou subclasses?

Aristóteles fez uma importante distinção quanto a isso. Nem todas as características de uma coisa, disse ele, definem sua natureza ou essência. Como já vimos, Aristóteles julgava que o homem deveria ser definido como animal racional – ou filosófico. É a capacidade de fazer perguntas a respeito do quê, do porquê e do para quê das coisas que faz de qualquer pessoa um ser humano, não a cor da pele, o nariz arrebitado, o cabelo liso ou o formato da cabeça.

Podemos, é claro, dividir os seres humanos numa variedade sem fim de subclasses – altos e baixos, gordos e magros, brancos e negros, fortes e fracos etc. Mas ainda que essas diferenças possam ser usadas para distinguir um subgrupo de seres humanos de outro, não podem ser usadas, segundo Aristóteles, para excluir qualquer um desses subgrupos da raça humana. Mais importante ainda, não se pode dizer que os membros de um determinado subgrupo sejam mais ou menos humanos do que os membros de outro.

Em outras palavras, as diferenças entre uma subclasse de seres humanos e outra são superficiais ou menores quando comparadas com as diferenças básicas ou maiores que separam os seres humanos de outros animais. Aristóteles chamava as diferenças superficiais ou menores de acidentais; as básicas ou maiores ele considerava essenciais.

Os seres humanos e as bestas são essencialmente diferentes; os seres humanos altos e os baixos, ou os gordos e os magros, são acidentalmente diferentes. Somos todos animais do mesmo tipo, mas um indivíduo pode ter mais e outro, menos dessa ou daquela característica humana. Essas diferenças individuais são muito menos importantes do que aquilo que une todos os homens e mulheres – sua humanidade comum, que é o único aspecto em que todos os seres humanos são iguais.

2
A GRANDE DIVISÓRIA

A divisão de Aristóteles das coisas físicas em corpos inanimados e organismos vivos e sua divisão dos organismos vivos em plantas, animais e seres humanos não esgotam seu esquema classificatório ou seu conjunto de categorias.

Pensemos, por exemplo, no cavalo de Wellington na Batalha de Waterloo, ou em Júlio César ao cruzar o Rubicão. Pensemos em Hamlet, o personagem de Shakespeare, no monstro do Lago Ness ou no anjo Gabriel. Pensemos na fragrância das rosas quando desabrocham, na cor de um tomate maduro, na teoria da gravidade de Newton ou em Deus.

Nenhum desses objetos é uma coisa física que exista agora como animal, vegetal ou mineral. O cavalo de Wellington e Júlio César existiram no passado, mas não existem mais. Hamlet, o personagem shakespeariano, é uma pessoa fictícia, não real. A existência do monstro do Lago Ness é altamente questionável. Quanto à fragrância das rosas quando desabrocham, ao anjo Gabriel, à teoria da gravidade de Newton e a Deus, nenhum desses objetos pode ser catalogado em qualquer uma das seções que englobam os corpos que existem ou que existiram no mundo físico.

O universo dos objetos que podem ser pensados é muito maior do que o mundo físico – o mundo dos corpos, tanto aqueles que ora existem quanto aqueles que existiram no passado. Ele inclui o mundo dos corpos, mas também inclui muitas outras coisas. A linha que separa os corpos de tudo o mais é a grande divisória.

O que sobra quando colocamos o mundo físico inteiro de um lado? O que pertence à outra metade do universo total de objetos que podem ser pensados?

Não vou tentar listar exaustivamente os tipos de objetos que *não* são corpos, mas eis aqui ao menos alguns tipos possíveis:

- objetos matemáticos, como triângulos e raízes quadradas;
- personagens imaginários ou fictícios, como Hamlet, de Shakespeare, ou Huckleberry Finn, de Mark Twain;
- espíritos desencarnados ou sem corpos de todos os tipos, incluindo fantasmas e anjos;
- deuses ou Deus, quando os seres divinos são pensados sem corpos;
- seres mitológicos, como centauros e sereias;
- mentes capazes de pensar o tipo de questões que temos levantado;
- ideias e teorias pensadas pelas mentes.

Tenho plena consciência de que essa listagem de objetos possíveis de pensamento levanta muitas questões. Será que esses objetos existem, em algum sentido da palavra? Se sim, em que sua existência difere da existência dos corpos? O que significa chamá-los de possibilidades? Haverá objetos de pensamento que são impossibilidades? Se as mentes não são corpos, qual sua relação com os corpos?

Tentarei responder essas perguntas – com a ajuda de Aristóteles – nos últimos capítulos deste livro. Algumas delas são questões filosóficas complexas, que adiarei até o final. Por ora, levantá-las serve ao propósito de chamar atenção para o grande universo do qual o mundo físico é apenas uma parte, ainda que o mundo dos corpos possa ser o único que realmente existe.

Ficando neste mundo, cabe-nos considerar outra distinção feita por Aristóteles. Ela é necessária para que possamos discutir a pergunta a respeito da fragrância das rosas quando desabrocham ou da cor de um tomate maduro. As rosas e os tomates são corpos, são vegetais, mas não sua fragrância nem sua cor. Ao considerar o mundo físico, Aristóteles traçou uma linha que dividiu seus constituintes em dois grandes tipos. De um lado, pôs os *corpos*; de outro, suas *características* ou *atributos*, como suas fragrâncias ou cores.

Em nossa fala cotidiana, costumamos fazer a mesma distinção. Não falamos do tamanho nem do peso de uma pedra como se fossem corpos. Nunca vou pedir que você me entregue o tamanho ou o peso da pedra, porque sei que é preciso que você me entregue a própria pedra para que eu possa sentir seu peso ou ver seu tamanho.

Podemos pensar no tamanho ou no peso da pedra sem pensar na pedra, mas não podemos alterar o tamanho ou o peso da pedra sem alterar a pedra. Se a pedra está numa pilha de pedras, podemos tirá-la dali e deixar as outras pedras como estão, mas não podemos tirar o tamanho ou o peso da pedra e deixá-la como está.

Aquilo que pertence a um corpo do modo como o tamanho ou o peso de uma pedra lhe pertencem é, segundo Aristóteles, algo que tem sua existência numa coisa (assim como o peso da pedra existe na pedra), mas que não existe em si e por si mesmo (como a pedra existe).

Uma coisa física, um corpo, pode pertencer a um grupo de coisas do qual pode ser removida – assim como uma pedra pode ser removida de uma pilha de pedras. Mas cada uma das pedras na pilha existe em si e por si mesma, mesmo quando existe dentro de um grupo de pedras. Isso não vale para o tamanho ou o peso da pedra. Os tamanhos e os pesos não existem em si e por si mesmos. Eles são sempre o tamanho e o peso das coisas físicas, e deixam de existir quando os corpos em que eles existem deixam de existir.

Outra maneira de apreender essa distinção básica entre as coisas físicas e seus atributos é considerar o modo como as coisas mudam. Uma pedra com uma superfície áspera pode ser polida e ficar lisa. Uma pedra que tenha um formato quase redondo pode ser perfeitamente arredondada. Enquanto mudamos os atributos da pedra, estamos lidando com a mesma pedra. Não se trata de outra pedra, mas da mesma pedra, alterada.

Se ela não permanecesse a mesma pedra ao tornar-se diferente sob este ou aquele aspecto, não se poderia dizer que ela passou de áspera para lisa ou de maior para menor. Se entendemos isso, entendemos por que Aristóteles disse que uma coisa física é aquilo que permanece aquilo que é (essa pedra particular) enquanto está simultaneamente sujeito a mudar em algum aspecto (tamanho, peso, formato, cor ou textura).

Ao contrário dos corpos em si, os atributos dos corpos nunca estão sujeitos a mudança. A aspereza nunca se torna lisura; o verde nunca se torna vermelho.

É a *pedra* áspera que se torna lisa; é o *tomate* verde que fica vermelho quando amadurece. As coisas físicas, em suma, são mutáveis. Os atributos físicos não são mutáveis; são os aspectos em que as coisas físicas mudam.

*

Aristóteles tentou fazer uma listagem completa dos atributos possuídos pelas coisas físicas. Podemos questionar se a listagem foi completa ou não, mas os atributos citados são aqueles que todos conhecemos na experiência comum, particularmente aqueles que são os aspectos principais em que as coisas mudam:

- em quantidade, quando aumentam ou diminuem de peso ou tamanho;
- em qualidade, quando mudam de formato, cor ou textura;
- em lugar ou posição, quando passam de um local a outro.

Uma coisa tem outros atributos, tais como as relações que mantém com outras coisas, as ações que realiza, os resultados das ações que sofre, o momento em que passa a existir, a duração de sua existência e o momento em que deixa de existir.

De todos os atributos que uma coisa física possui, os mais importantes são aqueles que ela mantém durante toda a sua existência e que não se alteram enquanto a coisa existir. Esses atributos permanentes fazem com que ela pertença a um tipo particular de coisas. Por exemplo, um atributo permanente do sal é dissolver-se na água; um atributo permanente de certos metais é conduzir eletricidade; um atributo permanente dos mamíferos é parir filhos vivos e amamentá-los.

Esses atributos não apenas fazem com que uma coisa pertença a um tipo particular de coisas, mas também diferenciam um tipo de coisa de outro. A capacidade de levantar questões como aquelas que estamos levantando é um atributo permanente dos animais racionais, que nos diferencia de outros mamíferos. Os animais racionais são corpos, é claro. São coisas físicas, mas não apenas coisas físicas.

Reconhecemos isso ao usarmos a palavra "pessoa". Chamamos os seres humanos de "pessoas". Não chamamos as aranhas, as cobras, os tubarões ou os pássaros de pessoas. Quando tratamos nosso cão ou gato de estimação como se fosse uma pessoa, nós o tratamos como se fosse humano – ou quase humano. Não tratamos do mesmo jeito os objetos que consideramos meras coisas.

Até esse ponto, a palavra "coisa" fora usada para referir-se às coisas físicas – os corpos. Agora a palavra "coisa" foi usada em contraste com a palavra "pessoa". Trata-se de uma palavra problemática. Seu significado às vezes é tão amplo que se refere a qualquer objeto passível de pensamento – não apenas às coisas físicas existentes, mas também a seus atributos, e também aos objetos que não existem, aos objetos que podem nunca ter existido e até mesmo aos objetos que não podem existir. Às vezes a palavra "coisa" aplica-se apenas a corpos que existem neste momento no mundo físico, a corpos que existiram nele no passado ou a corpos que podem existir nele no futuro.

Muitas vezes, é inevitável usar a mesma palavra em sentidos diversos. No caso das palavras mais importantes que usamos, sobretudo as palavras que usamos em nossa linguagem comum cotidiana, é quase impossível não fazê-lo. Aristóteles com frequência chamava a atenção para os sentidos distintos em que achava necessário usar uma mesma palavra. Quando refletimos sobre nossa experiência assim como ele refletiu, temos também de prestar atenção aos diferentes sentidos das palavras que utilizamos.

Os seres humanos são coisas físicas num certo sentido dessa palavra, mas não o são quando os chamamos de pessoas, não de coisas. Como coisas físicas, como corpos, eles têm as três dimensões que todos conhecemos. Como pessoas, também têm três dimensões, que são bem diferentes.

3
AS TRÊS DIMENSÕES DO HOMEM

Considerando-nos simplesmente corpos – ou simplesmente coisas físicas –, eu diria que nossas três dimensões, assim como as três dimensões de qualquer outro corpo, são comprimento, largura e altura. É dessa maneira que qualquer corpo ocupa espaço.

Se, como corpos, somos coisas físicas como todos os outros corpos, somos, como acabamos de ver, um tipo especial de coisa – o único tipo de coisa – que é chamado de pessoa. Quais são nossas três dimensões como pessoas, e não apenas como corpos?

No espaço, uma dimensão é uma direção na qual posso mover-me. Posso mover minha mão da esquerda para a direita, de frente para trás, de cima para baixo. Como as dimensões espaciais, as dimensões pessoais também são direções – direções em que eu, como pessoa, posso agir como ser humano. Tenho certeza de que temos apenas três dimensões como corpos físicos, mas não tenho como ter certeza de que temos apenas três dimensões como seres humanos ativos – apenas três direções em que nossas atividades podem levar-nos.

Creio, todavia, que as três dimensões que citarei representam três direções muito importantes que a atividade humana pode tomar. Talvez haja outras, mas duvido que sejam tão importantes quanto essas. São elas: fazer, agir e conhecer.

Na primeira dessas três dimensões, fazer, temos o homem como artista ou artesão – o produtor de toda sorte de coisas: sapatos, navios, casas, livros, música e pinturas. Não é só quando os seres humanos produzem estátuas ou pinturas que devemos chamá-los artistas. Esse uso da palavra arte é restrito demais. Tudo no mundo que é artificial e não natural é uma obra de arte – algo feito pelo homem.

Na segunda dessas dimensões, agir, temos o homem como ser moral e social – alguém capaz de agir de modo certo ou errado; alguém que, por aquilo que realiza ou que deixa de realizar, obtém a felicidade ou deixa de obtê-la; alguém que, como ser humano, julga ser necessário associar-se a outros seres humanos para realizar aquilo que se sente impelido a realizar.

Na terceira dimensão, conhecer, temos o homem como ser que aprende, que adquire toda sorte de conhecimentos – não apenas sobre a natureza, não apenas sobre a sociedade da qual os seres humanos fazem parte, não apenas sobre a natureza humana, mas também sobre o próprio conhecimento.

Em todas essas três dimensões, o homem é um pensador, mas o tipo de pensamento que tem para fazer coisas é diferente do tipo de pensamento que tem para agir moral e socialmente. Os dois tipos de pensamento diferem do tipo de pensamento que um ser humano tem a fim de simplesmente conhecer – conhecer apenas por causa do conhecimento.

*

Aristóteles tinha grande interesse pelas diferenças que distinguem esses três tipos de pensamento. Ele usava o termo "pensamento produtivo" para descrever o tipo de pensamento que o homem elabora como fazedor; "pensamento prático", para descrever o tipo de pensamento que o homem elabora como ator; e "pensamento especulativo" ou "teórico" para descrever o tipo que ele elabora como conhecedor.

Essa divisão tripla dos tipos de pensamento pode ser encontrada nos livros de Aristóteles. Alguns deles, como os livros de filosofia moral e política, tratam do pensamento prático e do homem como ator – como indivíduo que vive a própria vida e tenta fazê-lo da melhor maneira possível, e também como membro da sociedade, associado a outros seres humanos e cooperando com eles. Alguns desses livros, como os de filosofia natural, tratam do pensamento teórico sobre o mundo físico inteiro, incluindo o homem como parte desse mundo, e também a mente e o conhecimento do homem.

Ele escreveu um tratado sobre o homem como fazedor, mas esse livro trata apenas do homem como fazedor de poesia, de música e de pinturas. Deu-lhe o título de *Poética* porque a palavra grega da qual vem a palavra "poesia" significa fazer – fazer qualquer coisa, não apenas aqueles objetos que nos entretêm e nos dão prazer quando fruímos deles. Os homens e as mulheres produzem uma vasta gama de coisas úteis, coisas que usamos em nossa vida cotidiana, como as roupas que vestimos, as casas em que vivemos, a mobília dessas casas e os instrumentos necessários para produzir essas coisas.

O tratamento mais geral do homem como fazedor, particularmente do homem como fazedor de coisas úteis, encontra-se nos livros que Aristóteles escreveu sobre a natureza – em seus livros de filosofia natural. Em seu esforço para entender os fenômenos naturais, Aristóteles frequentemente recorria a comparações entre a maneira como os homens produzem coisas e a maneira como a natureza funciona. Sua compreensão dos elementos do fazer humano o ajudou – e vai nos ajudar – a compreender o funcionamento da natureza.

É por isso que vou começar por discutir, na Parte II deste livro, o fazer como dimensão da atividade humana. Depois disso, na Parte III, tratarei da dimensão da atividade humana em que o homem é um ser moral e social. Por fim, na Parte IV, falarei do homem como conhecedor, deixando para o final as questões mais difíceis que temos a considerar – as questões sobre a mente humana e sobre o conhecimento em si.

As palavras mais desafiadoras do vocabulário de qualquer pessoa são as três que dão nome aos valores universais que despertam respeito e causam admiração: verdade, bondade e beleza, ou o verdadeiro, o bom e o belo. Esses três valores estão relacionados às três dimensões da atividade humana.

Na esfera do fazer, estamos interessados na beleza ou, para dizer o mínimo, em tentar produzir coisas que sejam bem feitas. Na esfera do agir, como indivíduos e como membros da sociedade, estamos interessados no bem e no mal, no certo e no errado. Na esfera do conhecer, estamos interessados na verdade.

Parte II

O Homem como Fazedor

4
CRUSOÉ SEGUNDO ARISTÓTELES

Tivesse Aristóteles escrito o romance de Robinson Crusoé, a moral da história teria sido diferente.

A história que a maioria de nós leu celebra a engenhosidade com que Crusoé resolve o problema de como viver de modo seguro e confortável na ilha a que foi levado após um naufrágio. Ela também celebra suas virtudes — sua coragem e sua previdência. Trata-se ainda de uma história da conquista da natureza pelo homem, de seu domínio e de seu controle sobre ela.

Para Aristóteles, a ilha teria representado a Natureza, a natureza com N maiúsculo, a natureza intocada pelos seres humanos. As obras da natureza — o semear de árvores e plantas, o crescimento vegetal, o nascer e o morrer dos animais, o mover-se das areias, o desgastar-se das rochas, o formar-se das cavernas — já aconteciam muito antes da chegada de Crusoé. Aristóteles teria considerado as mudanças produzidas por Crusoé um modo de compreender as mudanças que tinham acontecido sem ele. Para ele, a história não teria mostrado o homem *contra* a natureza, mas sim o homem *trabalhando com* a natureza.

Quando tentamos entender algo difícil de entender, o bom senso nos sugere começar com algo mais fácil para ver se isso nos ajuda a superar as dificuldades. O que é mais compreensível pode esclarecer aquilo que é menos compreensível. Os seres humanos deveriam ser capazes de entender aquilo que acontece quando fazem algo ou mudam algo. Isso é menos difícil de entender do que aquilo que acontece na natureza sem a presença dos homens. Assim, entender as obras de arte pode nos ajudar a entender o funcionamento da natureza.

Sugeri no capítulo anterior que, em seu sentido mais amplo, a expressão "obra de arte" abrange tudo o que é feito pelo homem. Vamos reconsiderar isso. Será que tudo o que é produzido pelos seres humanos é artificial e não natural? Será que são obras de arte? Quando os pais produzem filhos, os filhos são artificiais? Se você disser que não, como acho que deve, então ainda não conseguimos estabelecer claramente a linha que divide o artificial do natural.

Suponha que um raio caia numa árvore numa floresta densa. A árvore é partida ao meio; os galhos são cortados. Alguns pegam fogo, e assim começa um incêndio na floresta. O incêndio na floresta e todas as mudanças que resultam do raio são naturais, não?

Mas uma pessoa, ao andar pela floresta, joga fora, sem nenhum cuidado, um cigarro aceso que faz as folhas secas da vegetação rasteira pegarem fogo, e a floresta acaba consumida pelas chamas. O incêndio na floresta foi causado por um ser humano, assim como o primeiro incêndio fora causado por um raio. O primeiro foi obra da natureza. E o segundo foi obra do homem – algo artificial, não natural?

Suponha, porém, que o indivíduo na floresta não tivesse jogado o cigarro aceso. Suponha que ele tivesse coletado galhos e folhas secas e feito uma pilha cercada de pedrinhas e depois, acendendo um fósforo, tivesse feito uma fogueira para cozinhar seu almoço. Diríamos – não? – que ele *preparou* uma fogueira. Será que a fogueira que ele preparou é uma obra de arte, ao contrário do incêndio causado pelo cigarro aceso que foi descuidadamente jogado fora?

Antes que você responda rápido demais a essa pergunta, lembre-se de que o fogo, em si, é algo natural. Ele não precisa de um ser humano para ser produzido. Na verdade, quando o homem faz fogo, o que é que ele faz? – o fogo mesmo, ou será que ele só produz fogo num momento e num local determinados, exatamente como o homem que caminhava pela floresta o produziu no lugar em que decidiu cozinhar seu almoço?

Outro exemplo a considerar. O raio partiu a árvore e cortou alguns de seus galhos. Os homens também podem fazer isso com machados e serras, e o fazem quando vão cortar madeira, a fim de obtê-la para construir casas ou para fazer mesas e cadeiras. Você sabe que as casas construídas pelo homem são produtos da arte, não da natureza – que são artificiais, não naturais. Construir uma casa, portanto, não é a mesma coisa que fazer fogo, pois não é possível ter tanta certeza de que o fogo feito pelo homem é artificial e não natural.

*

Qual a diferença entre a casa, a mesa ou a cadeira feitas pelo homem, e o incêndio causado pelo homem? Ou entre os galhos da árvore cortados pelo raio e os galhos da árvore cortados pelos madeireiros? Ou entre o fogo produzido pela pessoa que faz um piquenique e quer cozinhar sua comida, e o fogo causado pelo homem que caminha pela floresta e descuidadamente joga no chão um cigarro aceso?

Vamos começar pela questão mais fácil. O fogo causado pelo cigarro aceso foi acidental, não intencional. Não seguiu um propósito que alguma pessoa tivesse em mente. Resultou do descuido – aliás, do descaso – e não de um planejamento cuidadoso e da previdência. A ausência de qualquer propósito, planejamento e previdência humanos coloca o incêndio do lado natural da linha que separa o natural do artificial.

O incêndio foi causado pelo homem, mas não produzido pelo homem. Resultou de algo que um ser humano fez, mas o homem é tão parte da natureza quanto o raio. Nem tudo que resulta das ações humanas é uma produção humana ou uma obra de arte.

Agora, e quanto ao fogo produzido pelo homem, feito deliberadamente numa fogueira com o fim de cozinhar uma refeição, e a casa feita pelo homem, construída deliberadamente com o propósito de servir de abrigo? Neles, nenhum dos dois resultados produzidos pelo homem é acidental. O propósito e o planejamento certamente fazem parte de ambos. Até agora, ao menos, os dois estão do lado artificial da linha que separa o natural do artificial. Qual é, então, e diferença entre eles?

Uma diferença é imediatamente clara. Há incêndios na natureza quando o homem está ausente, mas não há casas. Os homens podem ajudar a natureza a produzir fogo acendendo fósforos e fazendo fogueiras com galhos e folhas secas. Mas quando os seres humanos fazem casas, e não fogueiras, não estão ajudando a natureza a produzi-las. No primeiro caso, como já dissemos, os homens não fazem o fogo em si, mas causam o fogo em momentos e locais determinados. No segundo caso, os homens produzem casas.

A casa que Robinson Crusoé construiu após recuperar algumas ferramentas do naufrágio foi algo que ele fez totalmente sozinho, não algo que ele fez surgir num momento e num local determinados. Se ele não estivesse na ilha, não teriam surgido casas, mas poderiam ter surgido incêndios, causados por raios.

Resta uma questão. Até agora julgamos que a casa de Crusoé, planejada e produzida com um certo fim, é uma obra de arte, não da natureza; algo artificial, não algo natural. Mas será que ela é totalmente artificial – uma criação totalmente humana? A Bíblia nos diz que antes de Deus criar o mundo não havia nada, e que a criação do mundo por Deus fez com que algo surgisse do nada. Será que Crusoé fez algo surgir do nada quando construiu sua casa?

Não. Ele a construiu com a madeira que obteve cortando árvores com seu machado, cortando galhos com sua serra e alisando a madeira com sua plaina. A madeira usada na construção da casa veio da natureza. Já estava lá. O mesmo vale para o ferro dos pregos recuperados por Crusoé junto com as ferramentas no baú do carpinteiro que veio dar na praia após o naufrágio. A casa, feita de madeira e pregos, realmente foi feita por Crusoé e não pela natureza, mas foi feita de materiais da natureza. Isso também vale para todas as ferramentas que Crusoé teve a boa sorte de poder usar.

Também não esqueçamos os filhos que os pais produzem. Já concluímos que filhos são produtos naturais, não artificiais – que não são obras de arte. Será que é assim por que às vezes eles são produtos acidentais e não intencionais?

Às vezes, como sabemos, os filhos são o resultado do descuido ou da desatenção, tão inesperados quanto não planejados. Mas mesmo quando os filhos são desejados e planejados, mesmo quando sua concepção é premeditada, e mesmo quando, com um pouco de sorte, os pais ajudam a natureza a produzir filhos num local e num momento determinados, eles não são como o incêndio que a pessoa que queria fazer um piquenique ajudou a natureza a produzir, nem como a casa que Crusoé construiu com os materiais que encontrou na natureza.

Por que não? Por ora, contentemo-nos com a resposta sugerida antes. Os filhos, assim como as crias de outros animais, certamente podem ser feitos sem nenhuma premeditação, planejamento ou propósito. Isso não vale para nada que possa ser chamado de obra de arte ou de artificial. Mas, assim como os seres humanos podem produzir incêndios por ter alguma ideia de como os incêndios são produzidos pela natureza, também os seres humanos podem produzir filhos por ter ideia de como a procriação acontece na natureza.

Quando eles não têm nenhuma ideia disso, seus filhos são completamente acidentais. Mas quando têm ideia, ter filhos é, ao menos em parte, resultado de planejamento e de propósito.

*

Já consideramos diversos acontecimentos e produções, e comparamos as diferenças entre eles a fim de ver se podemos colocar cada um deles de um dos dois lados da linha que separa o natural e o artificial. Antes de continuar, pode ser boa ideia resumir aquilo que aprendemos.

Primeiro, concluímos que o fogo, em si, é algo inteiramente natural. A fogueira que um homem faz num momento e num local determinados é artificial – algo que não teria surgido sem que algum ser humano a tivesse produzido em circunstâncias específicas.

Segundo, a artificialidade da fogueira feita pela pessoa que faz um piquenique com o fim de cozinhar uma refeição é diferente da artificialidade da casa que Crusoé construiu a fim de abrigar-se. Ainda que ambos resultem de propósitos humanos, as casas, ao contrário do fogo, nunca surgem na natureza sem que seres humanos as produzam. Digamos que o fogo da fogueira da pessoa que ia fazer um piquenique foi um *acontecimento* artificial e que a casa de Crusoé foi um *produto* artificial.

Terceiro, a casa de Crusoé, ainda que seja um produto artificial, não é inteiramente artificial. Ela foi feita com materiais naturais, não a partir do nada. Assim, ela não é como o mundo que, segundo a Bíblia, Deus criou a partir do nada. Chamemos todas as coisas que os homens produzem a partir de materiais naturais de *produções*, e não de *criações*.

Quarto, consideramos os filhos dos seres humanos e as crias dos outros animais. Costumamos chamá-los de produções ou de criações? Nem uma coisa nem outra. O vocabulário que usamos para descrever sua geração envolve palavras como "reprodução" e "procriação".

Vamos pensar na importância disso. Os resultados da reprodução ou da procriação biológica não são como o incêndio causado pelo raio – um *acontecimento natural*; não são como o fogo na fogueira preparada pelo homem – um *acontecimento artificial*; não são como a casa construída por Crusoé – um *produto artificial*; e também não são como o mundo criado por Deus a partir do nada.

Mesmo assim, a compreensão de como os homens constroem casas vai nos ajudar a entender como os homens se reproduzem ou procriam, gerando filhos. A compreensão de como os homens preparam uma fogueira vai nos ajudar a entender o surgimento dos incêndios como acontecimentos naturais. A compreensão da diferença entre preparar fogueiras e construir casas vai nos ajudar a entender a diferença entre incêndios que surgem na natureza e animais que perpetuam sua espécie.

Não pergunte se a compreensão disso tudo também vai ajudá-lo a entender como Deus criou o mundo. Essa questão precisa esperar até que verifiquemos se nossa compreensão das obras da natureza e da arte nos leva até a história bíblica da Criação – história essa que Aristóteles nunca leu.

5
MUDANÇA E PERMANÊNCIA

Aristóteles teve uma atitude sensata em relação aos pensadores que o precederam. Disse que era boa ideia dar atenção ao que eles disseram a fim de descobrir quais de suas opiniões eram corretas e quais eram incorretas. Ao separar o verdadeiro do falso, pode-se fazer algum progresso.

Dois pensadores anteriores – Heráclito e Parmênides – tinham visões muito extremadas do mundo. Heráclito dizia que tudo, absolutamente tudo, estava em constante mudança. Nada, absolutamente nada, permanecia idêntico. Crátilo, um de seus seguidores, chegou até a afirmar que isso impossibilitava o uso da linguagem para a comunicação, porque as palavras mudam constantemente de significado. A única maneira de se comunicar seria mexendo o dedo.

No outro extremo, Parmênides dizia que a permanência reinava absoluta. Aquilo que é é; aquilo que não é não é; nada passa a existir nem deixa de existir; nada nunca muda; nada se move. A aparência de mudança e de movimento, que Parmênides admitia ser parte de nossa experiência cotidiana, é uma ilusão. Estamos sendo enganados por nossos sentidos. Na verdade, tudo sempre continua igual.

Você pode se perguntar como Parmênides conseguiu convencer alguém a aceitar uma perspectiva tão extremada e tão contrária à experiência cotidiana. Um de seus seguidores, conhecido como Zenão, tentou elaborar argumentos que nos convenceriam de que, quando percebemos o movimento das coisas, estamos nos enganando. Somos vítimas de uma ilusão.

Um desses argumentos era mais ou menos assim: você quer sacar uma bola de um lado ao outro da quadra de tênis. Para chegar lá, primeiro a bola tem de percorrer metade da distância. Ela tem de chegar à rede. Para chegar lá, primeiro ela tem de percorrer metade da distância – pelo menos até a linha de serviço. Para chegar lá, primeiro ela tem de percorrer metade da distância – e assim indefinidamente, sempre dividindo ao meio as distâncias restantes. A partir disso, se seguíssemos o raciocínio de Zenão, chegaríamos à conclusão de que a bola nunca sairia do lugar – nunca deixaria a sua raquete.

Aristóteles conhecia bem essas opiniões e esses argumentos. Seu bom senso e sua experiência comum diziam-lhe que estavam errados. Se as palavras estavam sempre mudando de significado, como é que Heráclito e seus seguidores podiam ficar repetindo que tudo fica mudando e supor, como obviamente supunham, que toda vez diziam a mesma coisa, e não o contrário? Se o movimento dos corpos celestes é uma ilusão, a mudança do dia para a noite é também uma ilusão. Se nada começa a existir nem deixa de existir, ninguém morre, mas onde é que foram parar Parmênides e seu amigo Zenão?

Heráclito e Parmênides estavam errados, mas não totalmente. Na verdade, cada um deles estava parcialmente correto e a verdade inteira, como pensava Aristóteles, consistia em combinar duas verdades parciais.

De um lado, o movimento e a mudança, a geração e a corrupção ocorrem em todo o mundo natural e já ocorriam muito antes de os seres humanos entrarem em cena. Longe de estar repleta de ilusão, nossa experiência comum da natureza apreende a realidade da mudança. As coisas são o que parecem ser – mutáveis.

De outro lado, nem tudo está sempre mudando sob todos os aspectos. Em toda mudança algo deve permanecer – algo que persiste, ou que continua o mesmo, enquanto fica diferente sob algum aspecto. Aquela bola de tênis que você tentou sacar para o outro lado da quadra moveu-se de um lugar ao outro, mas, quando chegou à linha de base do seu adversário, ainda era a mesma bola de tênis que você havia jogado. Fosse ela outra bola de tênis, que um mágico na lateral tivesse feito aparecer como que por encanto, isso teria sido considerado uma falta.

O movimento daqui até ali (que Aristóteles chamava de movimento local ou de mudança de lugar) é a mais óbvia das mudanças em que algo permanece o mesmo. A coisa em movimento é o sujeito inalterado da mudança em que o movimento local consiste. Se ela era "a sua bola de tênis" quando saiu de sua raquete, ainda é "a sua bola de tênis" quando seu adversário a joga de volta – a mesmíssima idêntica bola, e não outra bola.

Enquanto falamos de movimento local, vou mencionar uma distinção feita por Aristóteles entre dois tipos de movimento local. Quando você deixa acidentalmente uma bola de tênis cair, ela cai no chão porque é pesada (você e eu diríamos que é por causa da gravidade, que é um nome diferente do peso). Você não a jogou para baixo. Ela caiu naturalmente. Esse movimento foi natural, não artificial.

Mas quando você joga a bola de tênis com sua raquete, esse movimento é causado pelo homem, não é um movimento natural. A força da sua jogada supera a tendência natural que a bola tem de cair por causa de seu peso, e essa força a coloca numa direção que ela não teria seguido se não tivesse sido posta nela por sua jogada. O mesmo vale para quando enviamos um foguete à Lua. Sem a força propulsora que lhe damos, ele não deixaria naturalmente o campo de gravidade da terra.

Das bolas de tênis aos foguetes, dos elevadores às balas de canhão, há uma ampla variedade de corpos em movimento local que não se moveriam como se movem se não fosse pela interferência do homem na natureza. Como não são naturais, devemos chamar esses movimentos de artificiais? Pode-se usar essa palavra, pois são movimentos causados pelo homem. Aristóteles os chamava de movimentos violentos – violentos no sentido de que violam a tendência natural dos corpos em questão.

Quais outras mudanças que ocorrem naturalmente também ocorrem artificialmente, ou por meio da interferência do homem? O calor do Sol faz um tomate amadurecer e faz com que ele passe de verde a vermelho. Essa mudança não é de lugar, mas de cor. Não é um movimento local, mas uma alteração em um atributo do tomate.

O tomate, que num momento era verde, em outro momento passou a vermelho, assim como a bola de tênis, que num momento estava aqui, em outro está ali. O que essas mudanças têm em comum é o tempo, não o espaço. Não houve mudança de lugar no amadurecimento do tomate, só uma mudança de qualidade; mas nenhuma dessas mudanças – a mudança de lugar e a mudança de qualidade – aconteceu sem mudança de tempo.

As pessoas pintam coisas verdes de vermelho, ou coisas vermelhas de verde – casas, mesas, cadeiras etc. O amadurecimento do tomate é uma alteração natural; a pintura das coisas é uma alteração artificial delas. A casa, a mesa ou a cadeira, que num momento eram verdes, não passaram a ser vermelhas em outro momento sem a intervenção humana.

Além do movimento local (ou mudança de lugar) e da alteração (ou mudança de qualidade), há ainda um terceiro tipo de mudança que é simultaneamente natural e artificial. Dessa vez, comecemos pela forma artificial.

Pegue um balão de borracha e encha-o. Ao fazer isso, o balão muda de tamanho e de figura. Ele fica maior e vai ficando maior à medida que você sopra ar para dentro dele. E quando você deixa o ar sair, ele diminui de tamanho e volta à sua figura original.

Largado sozinho na mesa, o balão não teria aumentado de tamanho. Soprado e com sua ponta amarrada, o balão não vai diminuir de tamanho. A mudança de tamanho, acompanhada de uma mudança de formato, é obra sua. Você fez as duas mudanças artificiais acontecerem ao mesmo tempo – uma mudança de qualidade (a alteração do formato do balão) e uma mudança de quantidade (o aumento ou a diminuição do tamanho do balão).

As mudanças de quantidade ocorrem tanto natural quanto artificialmente. Por exemplo, as rochas na costa marítima desgastam-se por serem continuamente açoitadas pelas ondas. Elas ficam menores. A ação das ondas também pode ampliar as cavernas da costa. Outras experiências mais familiares de crescimento natural – em tamanho e em formato – acontecem no mundo das coisas vivas. As plantas e os animais crescem. Seu crescimento envolve muitas mudanças, claro, mas entre elas estão as mudanças de quantidade – mudanças de tamanho e de peso.

Ainda que um aspecto do crescimento de um corpo vivo certamente seja um aumento ou uma mudança de quantidade, ele tem uma característica peculiar que não encontramos no aumento dos corpos inanimados. Você pode fazer uma fogueira e pode aumentá-la colocando mais lenha. Se houvesse uma quantidade indefinida de lenha disponível, o tamanho de sua fogueira aparentemente não teria limites. Se você der cenouras a um coelho, o coelho vai aumentar de tamanho, mas, por mais cenouras que você lhe dê, há um limite para o aumento de tamanho do coelho.

Você pode construir pirâmides menores ou maiores e, dispondo de pedras e de trabalho humano suficientes, pode construir uma pirâmide maior do que qualquer outra que já tenha sido construída. Mas, não importando o que você faça para alimentar os animais, não pode fazer com que ultrapassem um certo tamanho. Não é possível que você faça um gato doméstico ficar do tamanho de um tigre.

O contrário também é verdade. O balão que você encheu diminui de tamanho à medida que você deixa o ar sair dele, e essa diminuição pode chegar até o ponto em que o balão atinge o tamanho mínimo. Mas, quando os animais param de crescer, eles podem deixar de aumentar de tamanho, mas não diminuem de tamanho até desaparecer – não se continuarem vivos.

Mas os animais e as plantas morrem. Analogamente, os balões estouram e deixam de ser balões quando você coloca ar demais neles. Isso nos conduz a um quarto tipo de mudança – tanto natural quanto artificial – que é tão diferente dos outros três que Aristóteles o distingue nitidamente do resto.

Todos os demais, como vimos, levam tempo para acontecer. O tempo passa enquanto os corpos vão de um lugar a outro, mudam de cor ou de formato, ficam maiores ou menores. Mas quando o balão estoura, ele deixa imediatamente de ser um balão. Essa mudança parece não levar tempo nenhum – certamente não uma quantidade perceptível de tempo. Ela ocorre num instante; ou talvez devêssemos dizer que num instante o balão existe, e no instante que imediatamente se segue ele não existe mais. Tudo o que temos são tiras ou fragmentos de borracha, não um balão que se possa encher.

O mesmo vale para o coelho que morre. Num instante ele está vivo; no outro, já não está. Tudo o que sobra é a carcaça, que, à medida que o tempo passar, vai decompor-se e se desintegrar.

*

Esse tipo especial de mudança (que Aristóteles chama de geração e corrupção) é especial também por outras razões, não só por ser instantânea. Ela é tão especial que levanta questões sérias para nós.

Em toda mudança, como dissemos até agora, algo continua a ser permanente e imutável. O corpo ou a coisa que muda de lugar, de cor ou de tamanho continua a ser o mesmo corpo quando se move de um lugar a outro, quando muda de cor, quando aumenta de tamanho. Mas o que permanece o mesmo quando o balão estoura? O que permanece o mesmo quando o coelho morre? A carcaça em decomposição, que se vai desintegrando, não é o coelho a que demos cenouras. As tiras de borracha não são o balão que estouramos.

Ainda assim, há algo permanente nesse tipo especial de mudança. É mais fácil ver em que consiste esse algo na produção ou na destruição de coisas pelos homens do que no nascimento e na morte dos vegetais e dos animais.

Pedaços de madeira, pregos e cola não se juntam naturalmente para compor uma cadeira. Os homens é que produzem cadeiras, dispondo esses materiais de um certo modo. Os materiais são os mesmos *antes* de ter sido reunidos e recebido o formato de cadeira, e são os mesmos *depois* de isso acontecer, no momento em que a cadeira passa a existir como algo em que é possível sentar-se.

Você acha a cadeira desconfortável, ou tem outras cadeiras, e quer uma mesa em vez dessa cadeira. Provavelmente não há como reutilizar todos os pregos, nem a cola, mas é possível destruir a cadeira e, usando os pedaços de madeira e alguns dos pregos, fazer uma mesinha com a maior parte dos mesmos materiais. Se você não usou cola e conseguiu extrair todos os pregos de forma reutilizável, os materiais da cadeira que deixou de existir e da mesa que passou a existir são idênticos. Só diferem na maneira como estão dispostos.

Assim, nas produções e destruições artificiais, aquilo que permanece ou continua o mesmo na mudança não seria a coisa produzida e destruída, mas somente os materiais usados para fazê-la e os materiais que restam quando ela é desfeita.

Algo semelhante também acontece na morte do coelho. Por ser um corpo vivo, o coelho é, em suma, uma coisa material, assim como a mesa ou a cadeira são coisas materiais. Há matéria em sua composição. E essa matéria permanece, não na mesma forma, é claro, mas mesmo assim permanece, quando o coelho se desfaz – quando morre, se decompõe e se desintegra. E assim como a matéria inorgânica de uma cadeira pode vir a fazer parte da composição de uma mesa, também a matéria orgânica de um coelho pode entrar na composição de outra coisa viva.

O coelho pode ter sido morto por um chacal e devorado para sua nutrição. Na medida em que o chacal é capaz de assimilar aquilo que come, os materiais orgânicos do coelho entram nos ossos, na carne e nos músculos do chacal.

A ciência moderna deu nome ao que acontece nesse caso – um nome que Aristóteles não usou. Chamamos isso de conservação de matéria. Independentemente de como chamemos isso, o importante é que algo permanece no tipo peculiar de mudança que é a geração e corrupção. Esse algo, no caso de coisas artificiais como mesas e cadeiras, consiste nos materiais de que são feitas.

Nas produções humanas, frequentemente conseguimos identificar esses materiais – esses pedaços particulares de madeira, esses pregos particulares. Nem sempre é tão fácil identificar a unidade ou as unidades particulares de matéria que permanecem quando um animal come outro ou quando as coisas vivas morrem. Mas não pode haver dúvida de que em todas as instâncias de geração e de corrupção, tanto naturais quanto artificiais, ou a matéria em si ou materiais de um certo tipo passam por alguma transformação.

O que se quer dizer com "a matéria em si", em constraste com "materiais de um certo tipo"? Os seres humanos, ao produzir ou destruir coisas artificiais, nunca lidam com a matéria em si, só com materiais de um certo tipo. Será que a natureza, ao contrário do homem, lida com a matéria em si? Se sim, então aquilo que permanece ou que continua a ser sujeito de mudança na produção e na destruição artificiais não é a mesma coisa que aquilo que permanece ou que continua a ser sujeito de mudança na geração e na corrupção naturais.

É uma coisa similar, mas não a mesma. A transformação de materiais identificáveis na produção e na destruição humanas é apenas semelhante, mas não idêntica, à transformação da matéria na geração e na corrupção naturais. Ainda assim, a similaridade ou semelhança pode nos ajudar a entender o que acontece quando, na natureza, as coisas são geradas e corrompidas. Examinaremos isso com mais cuidado nos próximos capítulos.

6
AS QUATRO CAUSAS

As "quatro causas" são as respostas que Aristóteles dá a quatro questões que podem e devem ser feitas a respeito das mudanças que conhecemos na experiência comum. São questões de senso comum, assim como as respostas. Comecemos por considerar sua relação com as mudanças efetuadas por seres humanos, e particularmente com as coisas que eles produzem ou fazem. Isso nos ajudará a considerar a operação das quatro causas nas operações da natureza.

A primeira questão a respeito de qualquer produção humana é: ela vai ser feita de quê? Se você fizer essa pergunta a um sapateiro ocupado com seu trabalho, a resposta será "couro". Se a fizer a um joalheiro, que cria pulseiras ou anéis com metais preciosos, a resposta pode ser "ouro" ou "prata". Se a fizer a um armeiro enquanto ele produz uma espingarda, a resposta provavelmente será "madeira e ferro". O tipo de material nomeado em cada um dos casos, no qual o artesão trabalha e do qual ele produz um certo produto, é a causa *material* da produção. Trata-se de um fator indispensável entre quatro fatores sem os quais seria impossível que a produção acontecesse.

A segunda questão é: quem fez? Essa parece a questão mais simples de todas, ao menos quando discutimos as produções humanas. Ela pode não ser tão simples quando falarmos das mudanças que ocorrem na natureza e das coisas por ela produzidas, e não pelo homem. No que diz respeito às produções humanas, a resposta está na resposta à primeira pergunta: foi o sapateiro quem fez o sapato, o joalheiro quem fez as pulseiras e os anéis, o armeiro quem fez a arma. Em cada um desses casos, o fazedor é a causa *eficiente* da produção.

A terceira questão é: o que está sendo feito? Aparentemente, essa questão parece tão fácil que ter de considerá-la pode até causar impaciência. Talvez você diga que é óbvio que aquilo que está sendo feito pelo sapateiro é um sapato, que aquilo que está sendo feito pelo joalheiro é um anel etc. Mas, se digo que Aristóteles chamava a resposta dessa pergunta de causa *formal* da mudança ou produção, o aparecimento da palavra "formal" pode deixá-lo confuso, ainda que, como você logo verá, essa seja a palavra exata para fazer par com "material", a primeira das quatro causas. Retornarei à explicação de "formal" após considerarmos a última das quatro causas.

A quarta questão é: isso está sendo feito para quê? Que propósito se espera que isso atenda? Que objetivo ou uso o fazedor considerava o fim a que se devia servir? Em sua forma mais simples, a pergunta é: por que se está fazendo isso? E a resposta, no que diz respeito às produções que estamos discutindo, é rápida. Todos sabemos qual a finalidade dos sapatos, dos anéis e das armas — qual a função que eles desempenham, ou a quais propósitos servem.

Aristóteles chamou esse quarto fator nas produções humanas de causa *final*, e lhe deu esse nome porque o fator referido é um *fim* que se tem em vista. Quando você ou eu fazemos qualquer coisa, o fim que temos em vista é algo que obtemos por último ou ao final. Precisamos terminar o que estamos fazendo antes que possamos usar o objeto para o propósito que tínhamos em mente.

Eu disse antes que as quatro causas são fatores indispensáveis que têm de estar presentes e operantes sempre que o homem produz qualquer coisa. Dizer que são indispensáveis é dizer que, em conjunto, são aquilo sem o que a produção não poderia ter acontecido. Cada um desses quatro fatores é por si mesmo necessário, mas nenhum deles é suficiente por si mesmo.

Todos os quatro têm de estar presentes em conjunto e operar um em relação ao outro de uma certa maneira. O trabalhador tem de ter material em que trabalhar e tem de efetivamente trabalhar nele. Ao fazer isso, ele tem de transformá-lo em algo que o material pode tornar-se. E o que foi feito tem de ter algum uso para a pessoa que fez. Em outras palavras, é preciso que ele tenha tido uma razão para fazer aquilo, pois sem ela ele provavelmente não teria se dado ao trabalho de fazê-lo.

Você pode questionar essa última afirmativa. Você pode se perguntar se a causa final – a razão para fazer algo – sempre tem de estar presente e operante. Não será possível que alguém produza algo sem ter uma razão para isso – sem ter em mente, de antemão, um propósito deliberado que pretenda atender?

Não é fácil responder a essa pergunta com certeza, ainda que se deva admitir que, na maior parte das vezes, os seres humanos se dão ao trabalho de produzir coisas porque precisam ou porque querem as coisas de cuja produção se ocupam. No entanto, eles também podem, ocasionalmente, ficar mexendo nos materiais e, como resultado, produzir algo inesperado – sem ter almejado nada, ou, digamos, como que brincando.

Quando isso acontece, aparentemente não haveria causa final, nenhum resultado último a que se visava. Pode-se conceber um propósito para o objeto produzido, uma função para ele desempenhar, após o término de sua produção, mas seu produtor não o concebera de antemão. Assim, é difícil que isso tenha sido um fator indispensável ou uma causa daquilo que aconteceu.

Quando passamos das produções humanas para as operações naturais, a pergunta sobre a presença e sobre a operação de causas finais fica mais insistente. É impossível fugir de enfrentá-la diretamente, já que certamente nos seria desconfortável dizer que a natureza tem isso ou aquilo em mente como resultado final almejado. Talvez, quando eu conseguir explicar por que Aristóteles chama a terceira das quatro causas de causa *formal*, também consiga responder a pergunta sobre a operação das causas finais nas operações da natureza.

Antes disso, vamos resumir as quatro causas descrevendo-as nos termos mais simples possíveis. Como essas afirmativas sobre as quatro causas são simplíssimas, talvez também sejam difíceis de entender. Temos de prestar muita atenção às palavras-chave que estão *em itálico* em cada afirmativa.

1. Causa material: aquilo *de que* alguma coisa é feita.
2. Causa eficiente: aquilo *com que* alguma coisa é feita.
3. Causa formal: aquilo *no que* alguma coisa é feita.
4. Causa final: aquilo *para que* alguma coisa é feita.

O que queremos dizer quando falamos "aquilo *no que* alguma coisa é feita"? O couro que o sapateiro usou para fazer o sapato não era um sapato antes de o sapateiro começar a trabalhar nele. Ele se tornou um sapato, ou foi feito em sapato pelo trabalho do sapateiro, que, de mero pedaço de couro, transformou-o em sapato feito de couro. Isso, que num momento anterior era couro, sem ter forma de sapato, passa a ser ter forma de sapato. É por isso que Aristóteles diz que a "sapatidade" é a causa formal da produção dos sapatos.

A introdução da palavra "sapatidade" vai nos ajudar a evitar o pior erro que podemos cometer ao tratar das causas formais. É muito natural que fiquemos tentados a pensar que a forma de uma coisa é seu formato – algo que podemos desenhar numa folha de papel. Mas os sapatos existem em diversos formatos, tamanhos e cores diferentes. Se você ficasse na frente da vitrina de uma loja de sapatos com um bloco de rascunho na mão acharia difícil ou impossível desenhar aquilo que é comum a todos os formatos de sapatos ali expostos.

Você consegue conceber aquilo que eles têm em comum, mas não consegue desenhar. Quando você tiver uma ideia do que é comum a todos os sapatos, de todos os formatos, tamanhos e cores, aí terá percebido aquilo que Aristóteles chama de *sapatidade*. Se essa forma não existisse, não seria possível fazer sapatos; as matérias-primas de que os sapatos são feitos jamais poderiam ser transformadas em sapatos.

Preste atenção na palavra "transformar". Ela contém a palavra "forma". Quando você transforma matérias-primas em algo que elas não são – o couro em sapatos, o ouro em pulseiras etc. – está dando a elas uma forma que não possuíam anteriormente. Quando um sapateiro trabalha em suas matérias-primas, ele as transforma em algo que elas podem tornar-se, mas que não eram antes de ele trabalhar nelas.

Podemos nos distanciar ainda mais do erro de pensar que a causa formal é o formato que um objeto adquire considerando os outros tipos de mudança que discutimos anteriormente – outras mudanças além da produção de coisas como sapatos, anéis e armas.

A bola de tênis que você pôs em movimento vai da sua raquete até a linha de base do adversário, do outro lado da quadra. Você é a causa eficiente desse movimento, impulsionando a bola com a força de sua jogada. A bola é a causa material – aquilo sobre o que se está agindo. Mas qual a causa formal? Ela tem de estar em algum lugar que não o lugar de onde a bola saiu quando você a acertou. Imaginemos que a bola vá parar do outro lado da rede, que seu adversário não a acerte e que ela vá parar na mureta de trás. O lugar em que ela enfim parou é a causa formal do movimento particular que terminou ali. Tendo estado *aqui*, do seu lado da rede, sua posição ou lugar foi transformado em *ali*, contra a mureta de trás.

Analogamente, a cadeira verde que você pintou de vermelho passa por uma transformação de cor, assim como o balão que você estourou; ele sofreu uma transformação de tamanho. A *vermelhidade* é a causa formal da mudança que você efetuou ao pintar a cadeira, assim como *estar-ali-dade* é a causa formal da mudança que você efetuou ao acertar a bola. Nessas duas mudanças, você é a causa eficiente. Em uma delas, a cadeira verde é a causa material, sobre a qual você agiu ao pintá-la de vermelho. Na outra, o balão rasgado é a causa material, aquilo sobre o que você agiu ao estourá-lo.

Os três tipos de mudança que acabamos de considerar também acontecem naturalmente, sem que o homem entre como causa eficiente. Quando examinamos sua ocorrência natural, fica mais difícil identificar as quatro causas, e surgem novos problemas. Todavia, aquilo que já se disse sobre as mudanças causadas pelo homem vai nos ajudar.

A luz do Sol faz o tomate amadurecer e de verde passar a vermelho. Os raios do Sol são a causa eficiente dessa alteração, e o tomate em si, o sujeito que sofre a mudança, é a causa material dela. Aqui, como na ação de pintar uma cadeira verde de vermelho, a vermelhidade é a causa formal. Tendo sido de cor verde, é isso que o tomate se torna. Mas aqui não há uma causa final distinta da causa formal que acabamos de mencionar.

A pessoa que pintou a cadeira verde de vermelho pode ter feito isso para que ela combinasse com as cadeiras de uma sala. O propósito ou fim que o indivíduo tinha em mente era distinto da vermelhidade que era a causa formal da transformação da cor da cadeira. Mas não diríamos que o Sol, ao brilhar sobre o tomate, queria deixá-lo vermelho, como sinal de que ele finalmente passou a ser comível. O resultado final do amadurecimento do tomate, no que diz respeito à cor de sua superfície, consiste em ser vermelho. Ser vermelho é tanto a causa formal quanto a causa final da mudança.

Pode-se dizer basicamente a mesma coisa da rocha que se desgasta com os golpes das ondas e que vai ficando menor como resultado desse processo. Esse processo pode se estender por muito tempo, mas, em qualquer momento, o tamanho da rocha naquele momento é tanto a causa formal quanto a causa final da mudança – a diminuição de tamanho ocorrida até então.

As descrições que acabamos de fazer de uma alteração natural na cor e de uma redução natural no tamanho também valem para uma mudança natural de lugar. A bola de tênis que se deixa cair por acidente cai no chão e acaba por repousar nele. Esse movimento local termina no lugar em que a bola repousa, e aquele lugar é tanto a causa formal quanto a causa final do movimento.

Se, nesse caso, fôssemos indagar a respeito da causa eficiente, a força da gravidade provavelmente seria mencionada – uma resposta que muitos aprenderam na escola, mas que teria confundido Aristóteles. Esse fato não afeta nossa compreensão da diferença entre uma causa eficiente, de um lado, e as causas material, formal e final, de outro. Não importa como se chame ou como seja designada, ela é sempre aquilo que, no processo de qualquer mudança, age sobre um sujeito alterável ou exerce uma influência sobre ele que resulta em aquele sujeito alterável tornar-se diferente sob um certo aspecto – de verde, passa a vermelho; de maior, passa a menor; de estar aqui, passa a estar ali.

*

Consideremos outro tipo de mudança – o crescimento de uma coisa viva que, ainda que envolva um aumento de tamanho, envolve muito mais do que isso. Aristóteles usa o conhecido exemplo da bolota de carvalho que cai no chão, cria raízes, é nutrida pela luz do Sol, pela chuva e pelos nutrientes do solo, e acaba por tornar-se mais um carvalho plenamente desenvolvido.

A bolota, como ele diz, é um carvalho em processo de formar-se. Aquilo que é ser carvalho é simultaneamente a causa final e a causa formal de a bolota tornar-se carvalho. A forma que a bolota assume quando, por meio do crescimento, chega a desenvolver-se totalmente é o fim que a bolota estava destinada a cumprir simplesmente por ser uma bolota.

Se, em vez de bolota, a semente tivesse sido um grão de uma espiga de milho, plantá-la e nutri-la teria resultado em um produto final diferente – um pé de milho com espigas. Segundo Aristóteles, o fim a ser atingido e a forma a ser desenvolvida no processo de crescimento estão de algum modo presentes desde o primeiro momento – na semente que, devidamente cuidada, crescerá e se tornará a planta plenamente desenvolvida.

Aristóteles admitiria que eles não estão presentes em ato, pois, se estivessem, a bolota já seria um carvalho e o grão seria um pé de milho. Mas eles estão presentes em potência, o que é simplesmente o oposto de estar presente em ato. É a diferença entre a potência que está presente na bolota, de um lado, e a potência presente no grão de milho, que leva uma semente a desenvolver-se de um jeito e outra semente a desenvolver-se de outro.

Hoje temos um jeito diferente de dizer a mesma coisa. Aristóteles dizia que a "enteléquia" de uma semente era diferente da "enteléquia" de outra. Ao usar essa palavra grega, ele queria dizer que cada semente tinha em si uma potência que a destinava a alcançar, por meio do crescimento e do desenvolvimento, uma forma final ou resultado final diferentes. Quando usamos o linguajar da ciência moderna, dizemos que o código genético de uma semente dá a ela uma série de instruções para crescer e desenvolver-se que difere da série de instruções dada pelo código genético de outra semente.

Enxergamos o código genético como algo que programa o crescimento e o desenvolvimento de um ser vivo desde o instante em que o processo inicia. Aristóteles julgava que as potências intrínsecas de um ser vivo guiavam e controlavam aquilo que ele se torna em seu processo de crescimento e de desenvolvimento. Até certo ponto, as duas descrições daquilo que acontece são quase intercambiáveis. Os fatos observáveis a serem explicados continuam os mesmos. As bolotas nunca se tornam pés de milho.

Para que seja assim, é preciso que, de um lado, haja algo inicialmente diferente na matéria que constitui a bolota, e, de outro, na matéria que constitui o grão de milho. Chamar esse algo de genes que programam o crescimento e o desenvolvimento ou chamá-lo de potências que orientam e controlam o crescimento e o desenvolvimento não faz muita diferença para nossa compreensão daquilo que está acontecendo. Mas, como a maioria de nós sabe, faz diferença para aquilo que os seres humanos podem fazer para interferir nos processos naturais.

Nosso conhecimento científico do DNA (uma sigla para um termo de bioquímica) nos permite fazer experiências com o código genético de um organismo e, talvez, operar mudanças significativas nas instruções que ele dá. O entendimento filosófico de Aristóteles do papel desempenhado pelas potências não o capacitava, nem nos capacita, para interferir da menor maneira que seja nas operações da natureza.

*

Falarei mais no próximo capítulo sobre potências e atos, e também sobre matéria e forma, como fatores fundamentais em todos os tipos de mudanças, tanto as naturais quanto as artificiais. Esses quatro fatores, ainda que não sejam idênticos às quatro causas, guardam uma relação próxima com elas.

A fim de atiçar seu apetite para o que vem por aí, vou pedir que você considere mais uma vez uma mudança que já foi mencionada – aquele tipo especial de mudança que Aristóteles chamava de geração e corrupção. Como exemplo daquele tipo especial de mudança, vou tomar uma ocorrência bem conhecida da vida cotidiana.

Sentamo-nos para jantar e comemos uma fruta. A maçã em nosso prato já tinha acabado de amadurecer quando foi tirada da árvore. Mas ela ainda é uma coisa viva, com sementes que podem ser plantadas para dar origem a novas macieiras. Ela não mostra nenhum sinal de estar se decompondo ou apodrecendo. Nós a comemos inteira, menos o meio. O que aconteceu com a maçã?

Não apenas a comemos, mastigamos e digerimos, mas também nos nutrimos dela, o que significa que de algum modo a maçã se tornou parte de nós. Antes de começarmos a comê-la, a matéria orgânica daquela fruta tinha forma de maçã. Depois que a comemos, mastigamos, digerimos e nutrimo-nos dela, a matéria que num momento teve forma de maçã de algum modo fundiu-se ou mesclou-se com nossa própria matéria, que tem forma de ser humano.

A maçã não se tornou ser humano. Antes, como parece, a matéria em si transformou-se, deixando de ter forma de maçã e passando a ter forma de ser humano. Ela deixou de ser matéria de maçã e tornou-se matéria humana.

O que se quer dizer com "a matéria em si", algo diverso de "a matéria da maçã" ou de "a matéria do ser humano"? Será que podemos dizer que a matéria em si é aquela coisa subjacente que persiste nesse tipo notável de mudança que acontece todo dia quando comemos os alimentos que nos nutrem?

Espero poder esclarecer essas "matérias" no próximo capítulo.

7
SER E NÃO SER

Costumamos pensar que o nascimento de um organismo vivo é a geração de algo que não existia antes. E com frequência referimos a morte de uma pessoa como seu passamento.[1]

No pensamento de Aristóteles sobre as mudanças que ocorrem no mundo da natureza e sobre as mudanças que os seres humanos produzem por conta própria, aquela mudança especial que ele chama de geração e corrupção é distinguida de todos os outros tipos de mudança, como a mudança de lugar, a alteração de qualidade, e o aumento ou a diminuição de quantidade.

Esse tipo especial de mudança de natureza é mais difícil de entender do que outros tipos de mudança. Por quê? Para descobrir, comecemos com aquilo que é mais fácil de entender – a produção ou a destruição de coisas por seres humanos.

Quando as pessoas movem as coisas de um lugar para outro, quando elas as alteram ou as ampliam, a coisa individual que elas movem, alteram ou ampliam continua a ser a mesma coisa. Ela só muda no que diz respeito aos atributos – seu lugar, sua cor, seu tamanho. Não apenas ela continua a ser a mesma coisa que era antes de mudar, ela também continua a ser essa coisa particular, única, individual.

A "mesmidade" persistente ou a permanência da coisa individual que passa por essas mudanças fica clara a partir do fato de que sua identidade pode ser nomeada do mesmo jeito antes e depois de a mudança ocorrer: *essa* bola, *aquela* cadeira. Não se trata de outra bola nem de outra cadeira, mas dessa aqui e daquela lá.

---

[1] Em inglês, *passing away*. Adler faz um trocadilho intraduzível com o título inglês de *Sobre a Geração e a Corrupção*, que é *On Coming to Be and Passing Away*. (N. T.)

Quando alguém pega matérias-primas como pedaços de madeira e transforma essas matérias-primas numa cadeira, uma coisa artificial – algo que não existia antes – passa a existir. Aquilo que antes eram diversos pedaços de madeira agora se tornou essa cadeira particular. Pedaços de madeira tornarem-se uma cadeira certamente não é a mesma coisa que essa cadeira verde tornar-se vermelha. A razão é que, quando a cadeira passa a existir, os diversos pedaços distintos de madeira não subsistem, ao menos não como diversos pedaços distintos de madeira, ainda que essa cadeira continue a ser precisamente essa cadeira quando muda de cor.

Antes de passarmos da produção artificial à geração natural (que é apenas outro nome para o processo de vir a ser), será bom considerarmos mais atentamente aquilo que acontece no processo de produção artificial, que é mais fácil de entender. Tudo ficará mais fácil se entendermos o sentido de quatro palavras usadas no capítulo anterior. Essas palavras são "matéria", "forma", "potência" e "ato". Ainda que aquilo que elas significam possa ser entendido à luz da experiência comum, e em termos do senso comum, as palavras em si não são termos que usamos com frequência em nossa fala cotidiana.

Pedaços de madeira que não são uma cadeira tornam-se pedaços de madeira que são uma cadeira. Quando os pedaços de madeira não são uma cadeira, o fato de não serem uma cadeira é uma falta de "cadeiridade" da parte deles. Eles carecem – estão privados – da forma de cadeira. Vamos usar a palavra "privação" para essa carência de uma certa forma.

Nesses pedaços de madeira há algo além da privação da cadeiridade. Se isso fosse tudo, esses pedaços de madeira jamais poderiam ser transformados em cadeira. Além de carecer de cadeiridade, esses pedaços de madeira também têm de ter a capacidade de adquirir cadeiridade. Essa capacidade está inseparavelmente relacionada à sua privação. Afinal, se esses pedaços de madeira não carecessem da forma de cadeira, não teriam a capacidade de adquirir essa forma. Se não carecessem dela, já a possuiriam. Somente quando certos materiais, como pedaços de madeira, carecem de uma certa forma eles podem possuir a capacidade de adquiri-la.

Vamos chamar essa capacidade de potência dos materiais em questão. Outra maneira de dizer *potência* é "pode ser". É muito diferente dizer que algo *é* uma cadeira ou que *pode ser* uma cadeira. Esses pedaços de madeira *não são* uma cadeira, mas *podem ser* uma cadeira. Como disse há pouco, se eles fossem uma cadeira, não poderiam tornar-se uma cadeira.

Não é verdade, todavia, que, quando certos materiais carecem de uma certa forma, sempre têm a potência de adquiri-la. Por exemplo, a água e o ar carecem da forma de cadeira, mas, ao contrário da madeira, a água e o ar são materiais que carecem da potência de adquirir forma de cadeira. Ainda que a potência de adquirir uma certa forma só esteja presente nos materiais se aquela forma estiver ausente, a mera ausência da forma – a carência ou a privação dela – não significa necessariamente que os materiais tenham a potência de adquiri-la. O homem pode fazer cadeiras de madeira, mas não de ar ou de água.

Quando os pedaços de madeira que carecem da forma de cadeira e que também têm a potencialidade de adquirir essa forma assumem essa forma em razão das capacidades e do esforço de um carpinteiro, dizemos que os pedaços de madeira que eram potencialmente uma cadeira agora são uma cadeira em ato. Durante todo o processo de tornar-se, até o exato momento em que a cadeira está finalmente terminada, os pedaços de madeira que estavam sendo transformados ainda eram uma cadeira apenas em potência. É só quando sua transformação se completa que eles têm forma de cadeira em ato.

Quando os pedaços de madeira são uma cadeira em ato, sua potência de tornar-se cadeira foi *atualizada*; e assim, é claro, deixa de existir como potência. A forma adquirida pelos pedaços de madeira é o ato que remove a potência que acompanhava a carência daquela forma na madeira mas que não acompanhava a falta dela na água ou no ar.

*

Agora conseguimos ver como essas quatro importantes palavras – matéria, forma, ato e potência – se relacionam. A matéria pode ter uma certa forma, ou carecer dela. Se carecer dela, a matéria pode também ter a capacidade de adquiri-la, e nisso consiste sua potência de ter aquela forma. Mas, carecendo de certa forma, nem sempre ela tem a potência de adquiri-la, como vimos no exemplo da água e do ar em comparação com a madeira. Quando ela adquire a forma para a qual tem potência, essa potência é atualizada. Possuir a forma adquirida fez a matéria deixar de ser cadeira potencial e passar a ser cadeira em ato.

Tenho alternado o uso das palavras "matéria" e "material". Mas, quando falamos de madeira, de um lado, e de água, de outro, falamos de tipos diferentes de matéria. Madeira não é só matéria; é um certo tipo de matéria – matéria que tem forma de madeira, diferente de matéria que tem forma de água.

Um tipo de matéria, a madeira, dá aos seres humanos os materiais com que eles fazem cadeiras; outro tipo, a água, não. A forma que a matéria possui, e que faz dela um certo tipo de matéria (madeira), também lhe dá uma certa potência (de tornar-se cadeira). A matéria na forma de água não tem essa potência.

Quando compreendemos isso, que é simples, um simples passo no raciocínio nos leva a entender outra coisa importante.

A madeira pode tornar-se cadeira, mas não pode tornar-se uma lâmpada elétrica; a água pode tornar-se uma fonte, mas não pode tornar-se cadeira.

A matéria que possui uma certa forma tem uma potência limitada para adquirir outras formas. Isso vale para todo tipo de matéria, para todos os tipos de materiais com que as pessoas podem trabalhar para produzir coisas – cadeiras, lâmpadas e fontes.

Suponhamos agora que houvesse uma matéria totalmente desprovida de forma – uma matéria absolutamente informe. Ela não seria na verdade nenhum tipo de matéria, pois, carecendo de alguma forma, teria a capacidade de adquirir qualquer forma. Ela teria uma potência ilimitada para formas.

*

Você teria toda razão se, ao pensar nisso, dissesse: "Espere aí, uma matéria sem qualquer forma pode ter uma potência ilimitada, uma capacidade ilimitada para adquirir formas, mas, como carece de alguma forma, ela não seria nada em ato. Aquilo que é nada não existe. Portanto, falar de matéria informe é falar de algo que não pode existir". Por que, então, talvez você pergunte, eu me dei ao trabalho de falar disso? Qual o sentido de pensar nisso?

Aristóteles diria que, olhando de um jeito, você tem razão ao dizer que a matéria pura, disforme, não é nada em ato, ou, em outras palavras, é nada. Logo, você também tem razão ao pensar que a matéria informe não existe. Mas Aristóteles ainda diria que, mesmo que a matéria informe não seja nada em ato, ela também é potencialmente tudo. Ela é potencialmente todo tipo de coisa que pode existir.

Você, no entanto, insiste, se a matéria informe não existe e não pode existir, qual o sentido de falar dela ou de pensar nela? A resposta de Aristóteles é que não haveria necessidade de mencioná-la ou de pensar nela se nos limitássemos a tentar entender as produções e destruições artificiais – o fazimento e desfazimento de coisas como cadeiras. Mas o nascimento e a morte dos animais não são tão fáceis de entender.

Consideremos primeiro a morte de um animal. Nosso coelho de estimação morre – decompõe-se, desintegra-se e, por fim, desaparece. A matéria que tinha forma de coelho não tem mais aquela forma. Ela agora adquiriu outra forma, como aconteceria se o coelho tivesse sido morto e devorado por um lobo. Quando isso acontece, a matéria que era matéria de um tipo de coisa (coelho) agora se tornou matéria de outro tipo de coisa (lobo).

Se você pensar nisso por um instante, verá que aquilo que aconteceu aqui é diferente daquilo que acontece quando a madeira, que é um certo tipo de matéria, vira uma cadeira. Ao tornar-se cadeira, ela não deixa de ser madeira. Ela não deixa de ser matéria de um certo tipo. Um certo tipo de matéria continuou a existir nessa mudança. Ela pode ser identificada como sujeito da mudança. Os pedaços de madeira que num momento não eram cadeira em ato agora tornaram-se cadeira em ato.

Mas na transformação que ocorreu quando o lobo matou e devorou o coelho, um certo tipo de matéria não continuou a existir na mudança. A matéria de um certo tipo de coisa (a matéria que tem a forma de um coelho) tornou-se a matéria de outro tipo de coisa (matéria que tem forma de lobo). O único sujeito identificável é a matéria – não a matéria de um certo tipo, já que a matéria *de um tipo particular* não continua a existir na mudança.

*

Passemos agora da morte ao nascimento. Aquele coelho de estimação que você tinha passou a existir como resultado da reprodução sexual. Aristóteles estava tão ciente dos fatos da vida quanto você e eu. O processo que resulta no nascimento de um coelho vivo começou quando o óvulo de uma coelha foi fertilizado pelo esperma de um coelho.

A partir do momento da fertilização, um novo organismo começou a desenvolver-se, ainda que, enquanto está no útero da coelha, não seja um ser vivo separado. O nascimento do coelho é apenas uma fase do processo de desenvolvimento. Ele vinha se desenvolvendo no útero da mãe coelha antes de nascer e continua a desenvolver-se após o nascimento até estar completamente crescido.

O nascimento nada mais é que a separação de um corpo vivo de outro – o bebê coelho da mãe coelha. E essa separação é um movimento local, um movimento do bebê coelho, que estava em um lugar e passou a estar em outro – que estava dentro da mãe coelha e passou a estar fora da mãe coelha.

Voltemos agora ao começo do bebê coelho – o momento em que ele passou a existir. Antes desse momento, havia o óvulo da coelha e o esperma do coelho. Nem o óvulo nem o esperma eram coelho em ato, ainda que os dois, juntos, tivessem a potência de tornar-se coelho. A atualização daquela potência aconteceu no momento da fertilização, quando a matéria do esperma foi mesclada ou fundida com a matéria do óvulo.

Será que a matéria do óvulo e a matéria do esperma, separadas uma da outra, têm com a matéria do bebê coelho após a fertilização a mesma relação que a matéria do coelho tem com a matéria do lobo depois de o coelho ter sido morto e devorado pelo lobo? Se sim, então algo semelhante àquilo que Aristóteles tinha em mente quando pediu que considerássemos a matéria informe é o sujeito da mudança na geração e corrupção dos organismos vivos. É o que identificamos como aquilo que persiste ou que continua existindo nesse tipo especial de mudança.

Isso é o máximo que posso dizer para explicar por que Aristóteles julgou necessário mencionar a matéria informe. Você pode achar que ele foi longe demais – que a geração natural pode ser explicada do mesmo jeito que a produção artificial. Se você acha isso, pedirei que considere mais um exemplo.

Aristóteles mesmo considerou esse exemplo. Ele disse que a "natureza procede pouco a pouco de coisas sem vida para coisas vivas de um modo tal que é impossível determinar a linha de demarcação". Ele era perfeitamente capaz de imaginar que a linha entre os seres não vivos e os vivos foi cruzada quando os primeiros organismos vivos da terra surgiram da matéria não viva. Será que conseguimos identificar, nessa geração dos primeiros organismos vivos, a matéria que é sujeito dessa notável mudança como matéria de um certo tipo? Será que ela continua a ser o mesmo tipo de matéria tanto antes quanto depois de os primeiros organismos vivos terem sido gerados?

Você pode não querer chegar ao ponto de chamá-la de matéria informe. Mas pode ver que é difícil identificá-la como matéria de um certo tipo, o que significaria que ela tinha e reteve uma certa forma. Se é essa sua inclinação, então você entende por que Aristóteles achava que a geração natural era mais difícil de explicar do que a produção artificial e também entende por que ele achava que era necessário mencionar a matéria pura ou informe e pedir que você a considerasse, mesmo que, é claro, ela não exista.

8
IDEIAS PRODUTIVAS E SABER PRÁTICO

A pessoa que pela primeira vez transformou madeira em cadeira – ou em cama, ou em casa – deve ter tido alguma ideia daquilo que ia fazer ou construir antes de começar a trabalhar. Esse indivíduo tinha de entender a forma que os pedaços de madeira teriam de adquirir para tornar-se uma cadeira. Ele não poderia ter tirado essa ideia de uma experiência com cadeiras porque não existiam cadeiras antes de ele fazer a sua. Talvez, pode-se supor, ele a tenha tirado de experiências com formações rochosas que serviram de suporte a seu corpo na hora de sentar-se. Assim, a primeira cadeira foi uma imitação de algo que seu invento encontrara na natureza, assim como a primeira casa foi, talvez, uma imitação de formações naturais de cavernas que serviam de abrigo.

Não importa de onde ou como o primeiro fazedor de cadeiras tirou a ideia de cadeira: a ideia mesma não bastava. Como observamos num capítulo anterior, a forma da cadeira – a cadeiridade – é comum às cadeiras de todo tamanho, formato e configuração de partes. Se tudo que o primeiro carpinteiro tinha em mente era uma ideia das cadeiras em geral, ele não poderia ter produzido uma cadeira individual, particular em todos os aspectos em que uma cadeira individual pode diferir de outras. A fim de transformar os materiais de madeira em que trabalhou, dando-lhes a forma de cadeira, ele também tinha de ter alguma ideia da cadeira específica que ia produzir.

O pensamento produtivo envolve aquilo que podemos ficar tentados a chamar de ideias criativas. Como não havia um equivalente grego da palavra "criativo" no vocabulário de Aristóteles, temos de resistir a essa tentação, e falar de ideias produtivas. Ideias produtivas se baseiam em alguma compreensão das formas que a matéria pode assumir, suplementadas pelo pensamento imaginativo a respeito de detalhes como tamanhos, formatos e configurações. Sem uma ideia produtiva nesse sentido completo, o artesão não tem como transformar matérias-primas nessa coisa individual, seja uma cadeira, uma cama, uma casa, seja qualquer outra coisa que possa ser feita com materiais oferecidos pela natureza.

Há duas maneiras de expressar uma ideia produtiva. O primeiro fazedor de cadeiras ou construtor de casas provavelmente não preparou um plano ou uma planta baixa da coisa que ia produzir. Tendo em mente uma ideia produtiva, simplesmente produziu a coisa. A materialização dessa ideia – sua corporificação na matéria – expressava a ideia produtiva que ele tinha. Se você tivesse perguntado a ele que ideia tinha em mente antes de fazer a cadeira ou de construir a casa, ele talvez não tivesse sido capaz de dizer. Mas, uma vez que tenha trazido a cadeira ou a casa à existência, ele poderia ter apontado para ela e dito: "Era isso que eu tinha em mente".

Numa etapa muito posterior da história da humanidade, artesãos de todos os tipos tornaram-se capazes de preparar planos para fazer coisas. Tornaram-se capazes de expressar suas ideias produtivas antes de efetivamente materializá-las transformando a matéria. Contudo, mesmo nos estágios mais avançados da história da produtividade humana, os artesãos nem sempre começam o trabalho colocando de algum modo suas ideias no papel. Às vezes, eles ainda ficam com a ideia na cabeça e deixam que ela os guie em todas as fases da obra, até que o produto final passe a existir e expresse a ideia que tiveram inicialmente.

Essa distinção entre duas maneiras de expressar as ideias produtivas chama nossa atenção para duas fases da produção das coisas, fases que podem ser separadas. Um indivíduo pode ter a ideia de uma casa particular a ser construída e pode preparar os planos para construir essa casa. Outro indivíduo ou outros indivíduos podem executar ou realizar esse plano. Atualmente distinguimos entre esses dois diferentes contribuidores da produção de uma casa chamando um de arquiteto e outro de construtor (ou, se o construtor emprega outras pessoas para construir a casa, chamamos o construtor de empreiteiro).

O indivíduo que prepara os planos é quem tem a ideia produtiva. Aqueles que executam os planos precisam ter saber prático. Para fazer qualquer coisa, seja uma cadeira ou uma casa, não basta ter ideias produtivas. Para realizá-las, é necessário saber como usar as matérias-primas a fim que a potência de tornar-se uma cadeira ou uma casa seja atualizada. A menos que o resultado final seja atingido, a ideia produtiva não será expressada em matéria. Ela não será materializada.

*

É claro que um único e mesmo indivíduo pode ter tanto a ideia produtiva quanto o saber prático necessário para fazer uma cadeira ou uma casa. A única coisa que temos de lembrar é que as ideias produtivas e o saber prático são fatores distintos da produção das coisas. O que faz parte do saber prático do artesão?

Primeiro, ele precisa saber como escolher as matérias-primas apropriadas para fazer o tipo de coisa que tem em mente, com quaisquer ferramentas que tenha à sua disposição, ou com nenhuma, usando apenas as próprias mãos. Se, por exemplo, suas únicas ferramentas forem um martelo e um serrote, ele não poderá fazer uma cadeira de ferro ou de aço, nem uma casa de pedra. E não é preciso dizer que, independentemente das ferramentas disponíveis, o artesão não tem como fazer uma casa de ar ou de água.

Além de saber como escolher os materiais apropriados para trabalhar com as ferramentas de que dispõe, o artesão também precisa saber como usar essas ferramentas de modo eficiente e como proceder em cada etapa da construção da coisa que deseja fazer. Na construção de uma casa, as fundações vêm antes da estrutura, que, por sua vez, vem antes do telhado.

A mente, as mãos e as ferramentas do artesão, juntas, são a causa eficiente da coisa produzida. Elas agem sobre as matérias-primas a fim de atualizar as potências que esses materiais têm de ser transformados no produto que o fazedor tinha em mente.

Desses três fatores (que juntos constituem a causa eficiente), a mente é o principal. É a mente do fazedor que tem a ideia produtiva e o saber prático, sem o que nem as mãos nem as ferramentas poderiam fazer qualquer coisa. As mãos e as ferramentas do fazedor são meramente os instrumentos que sua mente usa para colocar sua ideia produtiva e seu saber prático nas ações necessárias para agir sobre as matérias-primas e atualizar suas potências.

A mente humana é o principal fator da produção humana. Tudo o mais é instrumental.

*

Saber como fazer algo é ter uma qualificação. Até nas produções mais simples, que às vezes chamamos de trabalho não qualificado, há algum saber prático e, portanto, alguma qualificação. Nas atividades realizadas pelas pessoas, das mais simples às mais complexas — da construção de modelos de brinquedo pelas crianças à construção de pontes, represas e escolas — os níveis de conhecimento prático são os níveis de qualificação.

Um sinônimo de "qualificação" é "técnica". A pessoa que possui o saber prático necessário para fazer alguma coisa possui a técnica para fazê-la. Digo isso porque a palavra "técnica" vem do grego *technikos*, que Aristóteles usava para falar da capacidade adquirida que alguns homens possuem e outros não para produzir coisas. O prefixo *tecno-*, que significa arte ou qualificação, vem do grego *techné*. Em latim, isso virou *ars* e, em português, *arte*. Artista é aquele que possui a técnica, a qualificação ou o saber prático para fazer coisas. Chamamos essas pessoas de artistas criativos se, além de possuírem o saber prático, também possuem a ideia produtiva que é a fonte primária indispensável da qual vem a coisa a ser feita.

Às vezes usamos a palavra "arte" para nos referir às coisas produzidas por um artista, ou simplesmente "obras de arte". Mas como não se pode produzir obras de arte sem que alguém adquira o saber prático necessário para produzi-las, a arte, no sentido de saber prático, tem de primeiro existir num ser humano, para depois aparecer numa obra de arte.

Ainda que você não tenha problemas em considerar cozinheiros, costureiros, carpinteiros ou sapateiros como artistas ou artesãos por reconhecer que eles têm a qualificação ou o saber prático necessários para fazer isso ou aquilo, você provavelmente não consideraria agricultores, médicos ou professores como artistas. Aristóteles, porém, admitia que eles possuem uma certa qualificação ou saber prático que permite que sejam chamados de artistas. Mas ele também observou de que modo a arte deles difere da arte dos cozinheiros, carpinteiros e sapateiros.

Esses últimos produzem coisas – tortas, cadeiras e sapatos – que nunca viriam a existir sem ideias produtivas humanas, sem conhecimento prático e sem esforço. A natureza não produz essas coisas. Elas são invariavelmente obras de arte. Mas, sem conhecimento prático e esforço humanos, a natureza produz frutos e grãos. Por que, então, deveríamos chamar os agricultores, que plantam coisas como maçã ou milho, de artistas? O que foi que eles produziram?

Por si, nada. Os agricultores simplesmente ajudaram a natureza a produzir as maçãs e o milho que a natureza teria produzido de qualquer jeito. Eles têm a qualificação ou o saber prático necessário para cooperar com a natureza na produção de frutas ou de grãos e, ao fazer isso, podem obter uma quantidade maior dos produtos da natureza do que a que lhes teria chegado se não tivessem cooperado com a natureza em sua produção.

Assim como os agricultores, por terem o conhecimento prático ou as qualificações que dizem respeito à agricultura, cooperam com a natureza na produção de frutas, grãos e vegetais, também os médicos, que têm o saber prático ou as qualificações que dizem respeito à medicina, cooperam com a natureza na preservação ou na restauração da saúde de um organismo vivo. Como a saúde, assim como as maçãs e o milho, é algo que existiria mesmo que não houvesse médicos, os médicos, assim como os agricultores, são apenas artistas cooperadores, e não artistas produtivos como os sapateiros e carpinteiros.

O mesmo vale para os professores. Os seres humanos podem adquirir conhecimento sem a ajuda de professores, assim como as maçãs e o milho podem desenvolver-se sem a ajuda de agricultores. Mas os professores podem ajudar os seres humanos a adquirir conhecimento, exatamente como os agricultores podem ajudar as maçãs e o milho a chegar a certas qualidades e quantidades. O ensino, assim como a agricultura ou a medicina, é uma arte cooperativa, e não produtiva.

*

As artes produtivas diferem de muitas maneiras. A produção humana dá origem a uma grande variedade de produtos – de cadeiras, sapatos e casas a pinturas, estátuas, poemas e canções. As pinturas e as estátuas se assemelham aos sapatos na medida em que são feitas de materiais que o produtor de algum modo transforma. E, como os sapatos e as cadeiras, as pinturas e as estátuas existem num local e num momento determinados.

Por sua vez, uma música – uma canção que seja cantada diversas vezes – não existe apenas num local e num momento. Ela pode ser cantada em muitos lugares diferentes, em muitos momentos diferentes. Além disso, cantar uma canção ou tocar uma música é algo que leva tempo, assim como leva tempo recitar um poema ou contar uma história. A canção e a história têm um começo, um meio e um fim numa sequência de vezes, o que não vale para a estátua ou para a pintura.

Há outra diferença entre uma canção ou uma história e uma pintura ou uma estátua. Podem-se escrever histórias com palavras; podem-se escrever canções com a notação musical. As palavras da linguagem e as notações da música são símbolos que podem ser lidos. Aquele que é capaz de lê-los consegue captar a história que eles contam, cantar a música ou ouvi-la. Para fruir da obra de um pintor ou de um escultor, é preciso que você vá até o produto material que ele fez.

Ainda que a pintura e a estátua sejam um produto material como o sapato ou a cadeira, são também coisas a fruir, como a história ou a canção, não coisas a usar, como o sapato ou a cadeira. Claro que é possível usar uma pintura para tapar um buraco na parede, assim como é possível fruir de uma cadeira ao olhar para ela em vez de sentar-se nela.

Ainda assim, usar e fruir são maneiras diferentes de abordar as obras de arte. As pessoas as usam quando as empregam para atender algum propósito.

As pessoas fruem delas quando se satisfazem com o prazer que sentem ao percebê-las de algum jeito – seja olhando, ouvindo ou lendo.

O prazer que sentimos quando fruímos de uma obra de arte tem algo a ver com o fato de dizermos que a coisa de que fruímos é *bela*. Mas isso não é tudo. Também é possível dizer que uma cadeira, uma mesa ou uma casa são belas simplesmente porque são bem feitas. Ser bem feito é algo que faz parte da beleza de um produto humano, seja uma cadeira ou uma estátua. O prazer que sentimos ao contemplá-las é outro fator.

Aristóteles sugere que esses dois fatores estão relacionados, o que parece fazer sentido. O prazer que sentimos ao olhar para a estátua ou para a casa, ou ao ouvir uma história ou uma música, está de algum modo relacionado ao fato de elas serem bem feitas. Uma estátua mal feita, uma casa mal construída, uma história mal contada não nos dariam tanto prazer.

Todos percebemos a diferença entre uma roupa feita por um alfaiate qualificado, ou uma sopa feita por um cozinheiro qualificado, e camisas ou sopas feitas por pessoas com quase nenhuma qualificação. Fruímos mais da camisa e da sopa bem feitas – sentimos mais prazer com elas – do que das mal feitas.

Além disso, aqueles que possuem a arte de cozinhar ou de costurar possuem o saber prático com que julgar se uma camisa ou uma sopa foram bem feitas. É de esperar que cozinheiros e alfaiates qualificados concordem em suas opiniões. Ficaríamos surpresos se um cozinheiro qualificado achasse que uma sopa foi bem feita e outro, igualmente qualificado, achasse-a mal feita.

Não ficaríamos tão surpresos se soubéssemos que duas pessoas olharam um quadro considerado bem feito por artistas qualificados, mas uma gostou dele e a outra não. Não esperamos que as pessoas gostem das mesmas coisas, nem que gostem delas igualmente. O que causa prazer a uma pessoa pode não causar prazer a outra.

Assim como uma pessoa pode ser mais qualificada ou possuir mais saber prático do que outra, também uma pessoa pode ter melhor gosto do que outra. É mais sensato perguntar a uma pessoa qualificada se uma determinada obra de arte foi bem feita do que fazer essa pergunta a uma pessoa que não sabe nada sobre como essas obras devem ser feitas. Por isso, provavelmente é mais sensato falar com uma pessoa de melhor gosto sobre a possibilidade de se apreciar uma obra de arte. Acreditamos que uma pessoa de melhor gosto vá apreciar mais uma obra de arte que seja melhor – não apenas mais bem feita, como também mais apreciável.

A questão de todos devermos ou não conseguir concordar, ou de ser razoável esperar que todos concordemos a respeito da beleza de uma obra de arte nunca foi respondida satisfatoriamente. Há algumas razões para responder que sim, e outras para responder que não. Se a beleza de uma obra de arte dependesse apenas de ela ser bem feita, seria mais fácil responder a questão. Esperamos que aqueles que possuem o saber prático necessário para produzir uma obra dessas possam concordar a respeito do fato de ela ser bem ou mal feita.

*

De onde vem todo esse importante saber prático? Como a pessoa qualificada o adquire?

As respostas são duas. Nas primeiras etapas da produção humana, o saber prático necessário se baseava no conhecimento de senso comum da natureza – conhecimento das matérias-primas que a natureza oferecia ao trabalho do produtor humano e conhecimento do modo de usar as ferramentas de trabalho.

Em etapas posteriores, e particularmente na época moderna, o saber prático necessário tem-se baseado no conhecimento científico da natureza, e hoje consiste naquilo que viemos a chamar de tecnologia proporcionada pelo conhecimento científico. "Tecnologia" não é nada além de outro nome para o saber prático científico, distinguido do saber prático baseado no senso comum.

Será que o senso comum incomum de Aristóteles nos proporciona algum saber prático útil? Será que o pensamento filosófico – a compreensão dos processos naturais que consideramos nos capítulos anteriores – nos ajuda a produzir coisas?

Não, não ajuda. O conhecimento científico pode ser aplicado produtivamente. Por meio da tecnologia, o conhecimento científico nos qualifica e nos capacita para produzir coisas. Mas a reflexão ou a compreensão filosófica que amplia o alcance de nosso senso comum sobre o mundo físico em que vivemos não nos qualifica nem nos capacita a produzir nada.

Lembre-se, por exemplo, de algo que foi dito num capítulo anterior. A compreensão filosófica de Aristóteles da razão pela qual as bolotas se transformam em carvalhos e de por que os grãos de milho se transformam em pés de milho não nos permite interferir de jeito nenhum nesses processos naturais. Mas nosso conhecimento científico do DNA e do código genético nos permite alterar seu padrão de desenvolvimento pela manipulação dos genes.

Será então que, comparada com a ciência, a filosofia é totalmente inútil? Sim, é – se nos limitarmos ao uso de conhecimento ou de compreensão para a produção de coisas. A filosofia não assa tortas nem constrói pontes.

Há, porém, um uso do conhecimento ou da compreensão diferente do uso que lhe damos quando produzimos coisas. O conhecimento e a compreensão podem ser usados para dirigir nossas vidas e orientar nossas sociedades de modo que elas sejam vidas e sociedades melhores e não piores.

Esse é um uso mais prático do que produtivo do conhecimento e da compreensão – um uso voltado para o agir e não para o fazer.

Nessa dimensão da vida humana, a filosofia é muito útil – mais útil do que a ciência.

Parte III

O Homem como Ator

9
PENSANDO SOBRE FINS E MEIOS

Não tenho um carro e quero um. O carro que eu quero custa mais dinheiro do que tenho. Preciso obter o dinheiro necessário para comprar o carro. Parece haver diversas maneiras de obter aquilo que é necessário sem violar a lei. Por exemplo, posso economizar, deixando de gastar em outras coisas o dinheiro que tenho, ou posso tentar ganhar mais dinheiro; ou ainda, posso tomá-lo emprestado.

Nesse exemplo – haveria inúmeros outros semelhantes –, obter o automóvel é o fim em vista. Obter o dinheiro necessário para comprar o carro é um meio para esse fim; é também um fim para o qual há, como vimos, diversos meios.

Como escolher um deles? Um pode ser mais fácil do que os outros; um pode me levar a meu objetivo mais rapidamente do que os outros. Dos muitos meios, todos servindo à consecução do fim em vista, normalmente se escolheria o meio que parece melhor por ser mais fácil, mais rápido, por ter mais chances de sucesso e assim por diante.

*

Quando agimos assim, agimos com um propósito. Dizer que temos um propósito no que fazemos é dizer que agimos em razão de algum objetivo que temos em mente.

Às vezes agimos sem objetivo – como um navio levado pela corrente, sem ninguém no timão para guiá-lo. Quando agimos assim, também agimos sem pensar. Não temos nada em mente que guie nossa ação numa direção ou em outra. Agir sem objetivo não exige que pensemos em qualquer coisa.

Na maioria das vezes, porém, agimos com algum propósito, e nesses casos não podemos agir sem pensar primeiro. Temos de pensar no objetivo que estamos almejando – no fim que estamos tentando realizar. Temos de pensar nos diversos meios que podemos usar para realizá-lo. Temos de pensar em qual é o melhor dos diversos meios, e por que um é melhor do que outro. E se o meio específico que escolhemos utilizar é um meio que não podemos utilizar a menos que antes façamos outra coisa, então ele mesmo é um fim, e temos de pensar nos meios para realizá-lo.

O tipo de pensamento que acabo de descrever é prático. Trata-se de um pensamento sobre fins e meios – de um pensamento sobre o objetivo que se deseja atender e de um pensamento sobre aquilo que deve ser feito para se chegar lá. Trata-se de um pensamento necessário para agir com propósito.

Como vimos, o pensamento produtivo é um pensamento sobre coisas a serem fabricadas. O pensamento prático, por sua vez, é um pensamento sobre como se deve proceder. A fim de pensar bem para poder fabricar algo, é preciso que você tenha aquilo que chamamos de ideias produtivas e de saber prático. A fim de pensar bem para poder chegar a algum lugar fazendo algo, é preciso ter uma ideia do objetivo a ser alcançado e ideias das maneiras de alcançá-lo. E você também tem de pensar nas razões por que um jeito de buscar esse objetivo é melhor do que outro.

O pensamento produtivo, ou o pensamento voltado para a produção de alguma coisa, não a produz de fato. Esse pensamento pode levar à produção em si, mas a produção não começa efetivamente até que o produtor comece a trabalhar e aja sobre as matérias-primas a fim de transformá-las de modo a materializar a ideia produtiva que ele tinha em mente.

De modo análogo, também o pensamento prático, ou o pensamento voltado para a ação propositada ou para agir do modo necessário para atingir algum fim ou objetivo, não chega a ser efetivamente ação. A ação começa quando o pensamento prático é colocado em prática. O pensamento produtivo pode continuar enquanto a produção está efetivamente acontecendo. O pensamento prático pode continuar durante a ação propositada. Mas até que o fazer e o agir efetivamente comecem, o pensamento prático e o produtivo não dão frutos.

*

Aristóteles nos diz que, com exceção dos momentos ocasionais de conduta despropositada, os seres humanos sempre agem com algum fim em vista. Aquilo que pensam a fim de agir propositadamente começa com o pensar a respeito do objetivo a ser atingido, mas quando começam a fazer qualquer coisa para atingir esse objetivo, têm de começar com os meios para atingi-lo. O fim vem primeiro naquilo que as pessoas pensam a fim de agir propositadamente, mas os meios vêm primeiro naquilo que fazem para realizar seus propósitos.

Ao dizer que os seres humanos sempre – ou normalmente – agem com algum fim em vista, Aristóteles também diz que eles agem em razão de algum bem que desejam obter e possuir. Ele identifica um fim que se almeje com um bem que se deseje.

Na visão dele, não faz nenhum sentido dizer que estamos agindo em razão de um fim que consideramos mau para nós. Isso equivale a dizer que aquilo que almejamos é algo que não desejamos. Dizer que algo que consideramos ruim é algo que desejamos evitar e não algo que desejamos possuir é uma mera questão de bom senso.

E quanto aos meios de que necessitamos para atingir o fim que temos em mente? Almejar um fim é buscar um bem que desejamos. Será que os meios que devemos usar para atingir o fim são também bens que desejamos? Sim e não. Os meios são bons, mas não porque os desejamos por si mesmos, mas só porque os desejamos por causa de outra coisa.

Será que devemos sempre considerar os meios bons porque nos proporcionam um jeito de atingir o fim que pretendemos realizar? Certamente os meios só são bons se nos ajudam a ter sucesso na consecução de nosso objetivo. Mas, se têm também outras consequências, então podem ser indesejáveis, por razões bem distantes da consecução do fim que temos em mente.

O roubo traria o dinheiro de que preciso para comprar o automóvel que quero, mas o roubo também poderia me colocar em sérias encrencas, que prefiro evitar. Os meios que usamos para atingir o fim que buscamos não podem ser bons só porque nos levam até onde queremos ir. É preciso também que eles não nos coloquem onde não queremos estar — na cadeia.

*

Resumindo: os meios podem ser um fim que temos de realizar por outros meios, e um fim também pode ser um meio para algum outro fim. Essas duas observações levam a duas questões que, segundo Aristóteles, são inevitáveis. A primeira é: será que há meios que são pura ou meramente meios, e nunca fins? A segunda é: será que há fins que são fins e nunca meios — aquilo que Aristóteles chama de fins últimos ou definitivos porque não são meios para nenhum fim além deles mesmos?

Outra maneira de fazer a primeira pergunta é perguntar se há quaisquer coisas que desejamos apenas por causa de outra coisa, e nunca por causa delas mesmas. E outra maneira de fazer a segunda pergunta é perguntar se há quaisquer coisas que desejamos apenas por causa delas mesmas e nunca por causa de outra coisa.

Aristóteles afirmava que há meios que são pura ou meramente meios, fins que também são meios para objetivos além deles mesmos, e fins que buscamos por causa deles mesmos, e não por causa de qualquer outro bem que esperemos obter. Eis suas razões para pensar assim.

Se não houvesse nenhuma coisa que desejássemos por causa dela mesma e não por causa de outra coisa, nosso pensamento prático não poderia começar. Já vimos que o pensamento prático tem de começar com o pensamento sobre algum fim a ser buscado. Se todo fim em que pensamos fosse um meio para algum fim ulterior, e se esse fim ulterior ainda fosse um meio para outro fim além dele mesmo, e assim *infinitamente*, o pensamento prático nunca poderia ter início.

Já vimos que quando o pensamento prático é posto em prática temos de começar com algum meio para qualquer fim que tenhamos em mente. Se o meio em questão é ele mesmo um fim que exige que encontremos meios de atingi-lo, então não podemos começar a agir, não podemos iniciar nossa ação propositada, com ele. A fim de começar a agir, temos de começar com um meio que seja puramente um meio, e não também um fim que exija outros meios de atingi-lo.

Até agora eu só disse *por que* deve haver fins que não são meios e por que deve haver meios que não são fins. Sua reação ao que acabo de dizer até agora não me surpreenderia se você dissesse que não entende como é que já pensou praticamente sem saber qual era seu fim último ou definitivo. Se o pensamento prático não pode começar com um fim que seja um meio para algo além de si mesmo, e se você não conhece nenhum fim que se busque por causa dele mesmo e não de outra coisa, como pode algum dia ter começado a pensar praticamente? Como sem dúvida você já pensou praticamente muitas vezes em sua vida, Aristóteles deve estar errado quando diz que o pensamento prático não pode começar sem que você tenha um fim último ou definitivo em mente.

*

Certamente parece que é assim. Uma distinção entre duas maneiras de ter um fim último ou definitivo em mente abrirá a porta para a solução desse problema. A fim de entender a distinção necessária, comecemos com aquilo que aprendemos na escola sobre geometria – o mesmo tipo de geometria que Aristóteles conhecia.

Os chamados primeiros princípios da geometria são os pontos de partida necessários para a demonstração das proposições geométricas a provar. Na geometria de Euclides, os primeiros princípios consistem em definições, axiomas e postulados. As definições de pontos, linhas, retas, triângulos etc. são necessárias, assim como axiomas como "o todo é maior do que qualquer uma de suas partes" e "coisas iguais à mesma coisa são iguais entre si". Além disso, há os postulados – pressupostos tomados por Euclides a fim de provar as proposições que demandam provas.

A diferença entre os axiomas e os postulados é que não se pode negar os axiomas. Não se pode fugir de afirmá-los. Por exemplo, tente pensar que uma parte é maior do que o todo a que pertence. Mas, quando Euclides pede que você presuma que é possível fazer uma reta ligando um ponto a qualquer outro ponto, você pode querer aceitar esse pressuposto, mas não é obrigado a isso. Não há nada de irresistível nele, como há no axioma do todo e das partes.

Assim como axiomas e postulados são tipos diferentes de pontos de partida no pensamento geométrico, também há diferentes pontos de partida no pensamento prático. Assim como você pode aceitar os pressupostos pedidos por Euclides a fim de dar início às provas geométricas, também no seu pensamento prático você pode presumir que um certo objetivo ou fim é definitivo, e não fazer mais perguntas a respeito dele, *mesmo que elas possam ser feitas.*

Em outras palavras, a maioria de nós começa seu pensamento prático não tendo em mente nosso fim absolutamente último e definitivo, mas sim pressupondo que o fim que temos em vista pode ser considerado — ao menos por ora — *como se* fosse um fim a respeito do qual não há mais nada a perguntar.

No exemplo que consideramos, podemos tomar a possibilidade de dirigir para a escola ou para o trabalho como o fim para o qual ter um carro, ser capaz de comprá-lo, obter o dinheiro necessário para comprá-lo etc. são os meios. Claro que você percebe que poderiam perguntar por que você quer dirigir para a escola ou para o trabalho, e sua resposta a essa pergunta poderia levá-lo a outro *por que* até que você chegasse a uma resposta que não admitisse um novo *por que*.

Essa resposta, se você chegasse a ela, seria sua apreensão do fim último ou definitivo, para o qual tudo o mais é meio. Mas você não precisa ter esse fim em vista para começar seu pensamento prático e sua ação propositada, porque pode presumir provisoriamente que algum fim que você tem em mente é, por ora, definitivo — uma coisa que você quer só por causa dela mesma.

Quando você faz aquilo que é necessário para obtê-la, você pode se perguntar por que a queria, mas não precisa fazer essa pergunta para pensar nos meios de obtê-la, nem para fazer o que precisa ser feito para usar meios para esse propósito. Essa questão pode ser adiada — por ora, mas não para sempre. Não, ao menos, se você quer levar uma vida bem planejada, com um bom propósito.

10
VIVER E VIVER BEM

Quanto mais jovens somos, mais agimos despropositadamente. Se não despropositadamente, ao menos por diversão. Há uma diferença entre agir despropositadamente e agir por diversão. Agimos despropositadamente quando não temos um fim em vista, um objetivo. Mas quando agimos por diversão, temos um objetivo – o prazer, a recreação do jogo ou do que quer que estejamos fazendo. O prazer que tiramos da atividade em si é nosso objetivo. Não temos um propósito ulterior, isso é propósito suficiente.

A atividade séria, ao contrário da atividade por diversão, sempre tem algum propósito ulterior. Iniciamos a atividade para atingir algum objetivo, para o qual fazer isso ou aquilo são meios. Ter e não ter um propósito ulterior é uma distinção entre o trabalho e a diversão, a respeito do que falarei mais adiante. Todos admitimos que o trabalho é uma atividade séria e que raramente é tão agradável quanto a diversão.

Quanto mais jovens somos, é menos provável que tenhamos um plano de vida cuidadoso. Quando somos jovens, é provável que nossos objetivos sejam imediatos – coisas a fazer, coisas a obter, coisas a ser fruídas hoje, amanhã, ou, na pior das hipóteses, semana que vem. Ter esses objetivos não chega a ser um plano de vida como um todo. A vida como um todo é algo muito difícil de considerar quando se é jovem.

À medida que ficamos mais velhos, agimos cada vez com mais propósito. Também ficamos mais sérios e menos brincalhões. Isso é verdade de modo geral, mas não para todas as pessoas. Há exceções. Algumas pessoas mais velhas só vivem para o prazer e para o gozo, e quando dizemos isso delas não estamos fazendo elogios. Pelo contrário, estamos censurando-as por dedicar tempo e energia demais à diversão e não às atividades sérias. Estamos dizendo que o adulto que vive desse jeito não é realmente adulto, mas uma criança. Não há problemas em crianças brincarem a maior parte do tempo, mas há em homens e mulheres maduros fazerem isso.

À medida que ficamos mais velhos e agimos com mais propósito, que ficamos menos brincalhões e mais sérios, tentamos juntar todos os nossos objetivos sérios em um plano de vida coerente. Se não fizermos isso, então deveríamos fazê-lo, como diz Aristóteles. Devemos tentar desenvolver um plano de vida para viver tão bem quanto possível.

Sócrates, que fora professor de Platão, assim como Platão foi professor de Aristóteles, dizia que a vida não examinada não vale a pena de ser vivida. Aristóteles foi além e disse que não valia a pena examinar uma vida não planejada, porque uma vida não planejada é uma vida em que não sabemos o que estamos tentando fazer, nem o porquê, e em que não sabemos aonde estamos tentando chegar, nem como. É uma bagunça, uma maçaroca. Certamente não vale um exame atento.

Além de não valer um exame atento, uma vida não planejada não vale a pena ser vivida porque não pode ser bem vivida. Planejar uma vida é cuidar dela, e isso significa pensar sobre os fins a buscar e sobre os meios com que buscá-los. Viver sem pensar é como agir sem objetivo. Não leva ninguém a lugar nenhum.

Aristóteles, porém, não acha que basta persuadi-lo de que é preciso ter um plano de vida para viver bem. Ele também quer persuadi-lo a ter o plano certo. Os planos não são todos igualmente bons. Se você adotar um plano errado, pode acabar, na opinião de Aristóteles, sem ter tido uma boa vida. Para ter tido uma boa vida, é preciso que você a tenha vivido de acordo com o plano certo.

*

O plano certo? Pode ser fácil para Aristóteles persuadir-nos a ter um plano de vida a fim de viver cuidadosa e propositadamente. Isso é só uma questão de bom senso. Mas não é tão fácil para Aristóteles convencer-nos de que só há um único plano certo e de que devemos adotá-lo. Se ele conseguir fazer isso, teremos outro sinal de seu bom senso incomum.

O que poderia fazer com que um plano de vida fosse certo e todos os outros errados? Aristóteles julga que só pode haver uma resposta a essa questão. O plano certo é aquele que almeja o fim último certo – o fim que todos deveríamos almejar. Essa pode ser a resposta à pergunta, mas ela deixa outra questão sem resposta. Qual é o fim último certo – o fim que todos deveríamos almejar? É possível perceber rapidamente que, se há um fim último correto, devemos almejá-lo. Assim como vemos que é impossível pensar que a parte de um todo é maior do que o todo de que faz parte, também vemos que é impossível pensar que um fim errado é um fim que se deva almejar. Se um objetivo é errado, não devemos tentar atingi-lo. Só devemos tentar se ele for certo.

Você pode concordar, mas isso ainda deixa a questão importante sem resposta. Qual é o fim último correto? Qual é o objetivo que todos devemos buscar?

Você pode achar que é difícil responder a essa questão, mas Aristóteles não acha. Talvez eu deva dizer que uma de suas respostas a essa questão é muito fácil para ele. A resposta completa é muito mais difícil de formular e de entender. Vamos começar com a resposta mais fácil, ainda que ela seja incompleta.

O fim certo que todos devemos buscar é uma boa vida. O raciocínio de Aristóteles quanto a isso é simples e, creio, convincente. Vou resumi-lo.

Há certas coisas que fazemos só para viver – como nutrir nossos corpos, cuidar deles e mantê-los saudáveis, e por causa disso a maioria de nós precisa trabalhar, para poder ganhar o dinheiro necessário para adquirir casa, comida e roupas.

Há outras coisas que fazemos para viver bem. Fazemos o esforço de estudar porque achamos que saber mais do que o necessário para manter-nos vivos enriquece nossas vidas. Não precisamos de certos prazeres para continuar vivos, mas tê-los certamente deixa a vida melhor e mais rica.

Tanto viver quanto viver bem são fins para os quais temos de encontrar os meios. Mas viver, ou manter-se vivo, é em si um meio para viver bem. É impossível viver bem sem manter-se vivo – o máximo possível ou, pelo menos, o máximo que pareça desejável.

Viver, como acabo de dizer, é um meio para viver bem. Mas viver bem é um meio para quê? Como diz Aristóteles, não pode haver resposta para essa pergunta, porque viver bem é um bem em si mesmo, um fim que buscamos por causa dele mesmo e não por causa de nenhuma outra coisa, nem por nenhum propósito ulterior.

Qualquer coisa em que consigamos pensar, qualquer coisa que chamemos boa ou desejável é um meio para viver ou para viver bem. Podemos ver a vida como um meio para a vida boa, mas não podemos ver a vida boa como meio para nenhuma outra coisa.

*

Aristóteles acha que isso deveria ser óbvio para todos nós. Ele também acha que nossa experiência comum mostra que todos nós, na verdade, concordamos nisso.

A palavra que ele usa para viver bem (ou para a boa vida) costuma ser traduzida pela palavra "felicidade". A felicidade, segundo Aristóteles, é aquilo que todos buscam. Ninguém a quem se pergunte se busca a felicidade diria: "Não, prefiro a tristeza".

Além disso, ninguém a quem se pergunte por que quer a felicidade pode dar uma razão para querê-la. A única razão para querê-la teria de ser algum fim ainda mais definitivo, para cuja obtenção a felicidade é um meio. Mas não existe um fim mais definitivo. Não há nada além da felicidade, ou da boa vida, para o que a felicidade sirva de meio.

Usei a palavra "felicidade" de modo intercambiável com "viver bem" e "vida boa". Aquilo que se disse sobre a felicidade não é tão simples e óbvio quando se usa a palavra com qualquer outro sentido. Posso evitar usar a palavra "felicidade" com outros sentidos, mas não posso evitar usar a palavra "feliz" com muitos sentidos diferentes, sentidos relacionados de diversas maneiras à felicidade.

Perguntamos um ao outro: "Você teve uma infância feliz?". Perguntamos um ao outro: "Você está feliz agora?". Dizemos um ao outro: "Feliz ano-novo". Quando usamos a palavra "feliz" dessas maneiras, estamos falando do prazer ou da satisfação que experimentamos quando obtemos aquilo que desejamos.

As pessoas ficam contentes porque têm o que querem para sentir-se felizes. Um tempo feliz é um tempo repleto de prazeres e não repleto de dores, um tempo de satisfações e não de insatisfações. Sendo assim, podemos estar felizes hoje e infelizes amanhã. Podemos conhecer um tempo feliz numa ocasião, e um tempo infeliz em outra.

Seres humanos diferentes querem coisas diferentes para si. Seus desejos não são semelhantes. Aquilo que uma pessoa deseja, outra pode preferir evitar. Isso equivale a dizer que aquilo que algumas pessoas consideram bom para si pode ser considerado mau por outras.

Somos diferentes em nossos desejos e, portanto, somos diferentes quanto àquilo que consideramos bom para nós. Aquilo que faz uma pessoa sentir-se feliz pode ter o efeito contrário em outra.

Como pessoas diferentes sentem-se felizes por fazer coisas diferentes, ou por obter coisas diferentes que desejam, como é que se pode dizer que a felicidade – viver bem ou a vida boa – é o único objetivo certo ou o fim último que todos os seres humanos devem buscar?

Aristóteles pode ser capaz de nos persuadir de que todos queremos a felicidade. Ele pode ser capaz de nos persuadir de que queremos a felicidade por causa dela mesma e não por causa de outra coisa. Mas como ele pode persuadir-nos de que todos nós, que queremos a felicidade por causa dela mesma, queremos exatamente a mesma coisa?

Os seres humanos, ao buscar a felicidade, certamente parecem buscar coisas diferentes. Isso é matéria de experiência comum, como Aristóteles imediatamente percebeu. Assim como nós, ele sabia, graças à experiência comum, que alguns indivíduos julgam que a obtenção da felicidade consiste em acumular muitas riquezas, para outros, consiste em ter grande poder, ou em tornar-se famoso, ou em divertir-se muito.

Se a felicidade, assim como o sentir-se feliz, vem de obter aquilo que se quer, e se pessoas diferentes querem coisas diferentes por elas mesmas, então a felicidade a ser obtida há de ser diferente para pessoas diferentes.

Se é assim, então como pode haver apenas um plano certo para viver bem? Como pode haver um fim último que todos devem buscar? A felicidade ou a vida boa pode ser o fim último que todos nós buscamos, mas não é o mesmo fim para todos nós.

Por favor, lembre-se de algo que eu disse antes neste capítulo. Disse que havia uma resposta fácil mas incompleta para a questão "qual é o fim último certo que todos deveríamos buscar?". A resposta simples, mas incompleta, é: felicidade, viver bem, ou uma boa vida como um todo. Para chegar à resposta completa, precisamos ver se Aristóteles consegue nos mostrar por que viver bem, a vida boa ou a felicidade são a mesma coisa para todos nós.

11
BOM, MELHOR, O MELHOR

A experiência comum nos diz que os indivíduos diferem quanto a seus desejos. Também sabemos que em nossa fala cotidiana usamos a palavra "bom" para referir as coisas que consideramos desejáveis.

Se achamos que uma coisa é mais desejável do que outra, consideramos que ela é melhor. E, dentre diversas coisas desejáveis, aquela que mais desejamos nos parece a melhor de todas.

A reflexão sobre esses fatos da experiência e da linguagem comuns levou Aristóteles à simples conclusão de que essas duas ideias – o bom e o desejável – estão inseparavelmente ligadas. Assim como as afirmativas de Euclides "a parte é menor do que o todo" e "o todo é maior do que a parte" são axiomas, também o são "o bem é desejável" e "o desejável é bom".

Recordemos o problema que deixamos por resolver no fim do capítulo anterior. Vimos que as diferenças nos desejos humanos fizeram com que Aristóteles tivesse dificuldades de nos convencer de que todos os seres humanos têm o mesmo fim em vista quando almejam o viver bem, a vida boa ou a felicidade. Aquilo que um ser humano acha que trará felicidade pode ser bem diferente daquilo que outro julga ser a natureza da vida boa. Sendo assim, como pode Aristóteles dizer que só existe um único plano correto para viver bem ou para atingir a felicidade?

Ele não tem como fazer isso sem nos ajudar a entender que os desejos humanos não são todos do mesmo tipo, e que aquilo que é verdadeiro para um tipo de desejo não é verdadeiro para outro tipo.

*

Os tipos de desejo que consideramos até agora são desejos individuais, desejos adquiridos no curso da vida e da experiência de um indivíduo. Como os indivíduos são diferentes uns dos outros não apenas em seus temperamentos e disposições, mas também na vida que levam e em suas experiências particulares, eles diferem em seus desejos adquiridos, individuais.

Enquanto cada ser humano é um indivíduo único, com uma vida e uma experiência únicas, todos os seres humanos, como membros da espécie humana, compartilham uma humanidade comum. A multidão e a variedade das diferenças individuais se sobrepõem aos traços ou atributos comuns que estão presentes em todos os seres humanos porque somos todos humanos.

A maior parte dessas diferenças é de grau. Todos os seres humanos têm olhos e ouvidos, e conseguem ver e ouvir, mas a visão ou a audição de um indivíduo pode ser mais aguçada do que a de outro. Todos os seres humanos têm a capacidade de raciocinar, mas essa capacidade comum pode ser maior numa pessoa do que em outra. Todos os seres humanos precisam de comida para seu sustento e vigor, mas um indivíduo que seja maior do que outro pode necessitar de mais alimentos.

Este último exemplo de um traço comum que subjaz às diferenças individuais chama a atenção para um outro tipo de desejo – um tipo de desejo que é natural, não adquirido, e que é o mesmo em todos os seres humanos, que não é diferente em indivíduos diferentes, exceto em grau. Quando dizemos que *precisamos* de comida, estamos dizendo que desejamos comida, exatamente como quando dizemos que *queremos* um carro novo estamos dizendo que o desejamos. Ambas as palavras – "precisar" e "querer" – indicam desejos, mas não desejos do mesmo tipo.

As necessidades são desejos congênitos ou inatos – desejos intrínsecos à nossa natureza humana porque temos certas capacidades e tendências naturais, capacidades ou tendências comuns a todos nós porque todos temos a mesma natureza humana. Todos temos uma capacidade biológica para a nutrição. Todos os vegetais e animais têm essa capacidade; as pedras não a têm. É por isso que todas as coisas vivas precisam de comida. Sem ela, morrem. A realização dessa capacidade é necessária para manter a vida.

Um indivíduo não adquire o desejo por comida no curso de sua vida, ou como resultado de sua própria experiência particular. Ele necessita de comida, quer saiba disso, quer não, e necessita dela mesmo quando não sente essa necessidade, como sente quando a fome aperta. A fome não é mais do que a experiência de sentir uma necessidade natural que está sempre presente, e presente em todos.

Os indivíduos nascidos na Ásia, na África, na Europa e na América do Norte têm todos a mesma necessidade de comida e de bebida, e todos, em algum momento, sentirão fome e sede. Mas, tendo nascido em ambientes diferentes, e tendo crescido em circunstâncias diferentes, esses indivíduos diferentes vão adquirir desejos por tipos diferentes de comida e de bebida. Quando sentirem fome ou sede (que são sua consciência de uma necessidade da natureza) vão querer tipos diferentes de coisas comíveis e bebíveis para satisfazer seu desejo.

Eles não *precisam* de tipos diferentes de comidas e bebidas. Eles os *querem*. Se o tipo de comida ou de bebida que querem não estivesse disponível, sua necessidade poderia ser satisfeita pela comida e pela bebida que não querem porque ainda não adquiriram desejo por ela.

O exemplo que temos considerado é uma necessidade biológica, uma necessidade comum não apenas a todos os seres humanos, mas também a todas as coisas vivas. Consideremos agora uma necessidade especificamente humana, uma necessidade comum apenas aos seres humanos, porque nasce de uma capacidade que é um atributo peculiar da natureza humana.

Anteriormente, neste livro, sugeri que os seres humanos diferem de outros animais por sua capacidade de fazer perguntas com o objetivo de adquirir conhecimento a respeito de si mesmos e do mundo onde vivem. Por reconhecer esse fato, Aristóteles começou um de seus livros mais importantes com a frase "Por natureza, o homem deseja conhecer". Em outras palavras, o que ele está dizendo é que o desejo de conhecimento é um desejo tão natural quanto o desejo de comida.

Há, porém, uma diferença interessante entre a necessidade de conhecimento e a necessidade de comida. Privada de comida, a maior parte dos seres humanos toma consciência dessa privação ao sentir fome. Mas, privados de conhecimento, nem sempre os seres humanos tomam consciência de sua privação. Infelizmente, é raro que sintamos o aperto da ignorância como sentimos o aperto da fome.

Todos os desejos adquiridos são desejos dos quais estamos conscientes quando os sentimos. Isso não vale para todas as necessidades naturais. De algumas delas, como da necessidade de comida e de bebida, temos consciência quando estamos privados daquilo de que necessitamos. Mas, no que diz respeito a outras necessidades naturais, como a necessidade de conhecimento, podemos estar conscientes delas ou não, mesmo quando estamos privados daquilo de que necessitamos.

O fato de não estarmos conscientes de uma necessidade natural não nos deveria induzir ao erro de pensar que a necessidade da qual não temos consciência não existe. Ela existe, tenhamos ou não consciência dela.

Dei alguns exemplos de necessidades naturais a fim de contrastá-las com apetências adquiridas e a fim de ilustrar a distinção aristotélica entre dois tipos de desejo. Não é necessário aqui tentar fazer uma enumeração exaustiva das necessidades naturais compartilhadas por todos os seres humanos, já que eles compartilham todas as potências, capacidades e tendências intrínsecas à sua natureza humana específica. Meu objetivo agora é mostrar como a distinção de Aristóteles entre dois tipos de desejos vai ajudá-lo a nos convencer de que há um plano certo para viver bem, que todos nós deveríamos adotar.

A fim de entender seu raciocínio, é preciso que reconheçamos algo que, creio, todos ou quase todos reconhecem – que muitas vezes queremos coisas de que não precisamos. Até cometemos o erro de dizer que precisamos delas quando apenas as queremos. Ninguém precisa de caviar, mas muitas pessoas, por ter adquirido um gosto por ele, o desejam; e muitos até se permitem dizer que precisam dele.

Esse não é o único erro que você pode cometer em relação a suas apetências. Você também pode querer algo que na verdade não é bom para você. Algumas pessoas querem drogas ou outras substâncias que lhes fazem mal. Elas adquiriram fortes desejos por essas substâncias e as querem com tanta força que ignoram o prejuízo que causam a si próprias. Elas querem algo que lhes faz mal.

Mas, como as querem mesmo assim, parecem-lhes boas na hora em que buscam satisfazer seus desejos.

Se não lhes parecessem boas, seria falso dizer que o desejável é bom. Quando elas desejam aquilo que é na verdade mau para elas, ainda assim aquilo lhes parece bom. Seu desejo ou apetência estava errado ou equivocado. É por isso que aquilo que lhes parecia bom não era bom de verdade.

Ao contrário das coisas que você quer, e que parecem boas na hora em que você as quer, mas que depois podem mostrar-se o oposto do que é bom, as coisas de que você precisa são *sempre* boas para você. Como são verdadeiramente boas para você, não são boas num momento e o oposto disso em outro.

Você pode estar equivocado ao pensar que precisa de algo quando apenas quer esse algo – caviar, por exemplo – mas suas necessidades nunca estão erradas nem mal orientadas, como pode acontecer e frequentemente acontece com suas apetências. Não é possível que você tenha uma necessidade errada ou equivocada. E qualquer coisa de que você precise é algo verdadeiramente bom para você, não algo que apenas parece bom numa hora porque você a deseja.

*

Agora vemos que a distinção de Aristóteles entre os desejos naturais e os adquiridos (ou entre necessidades e apetências) está intimamente relacionada a outra distinção feita por ele – entre bens reais e aparentes. As coisas que são realmente boas para você são aquelas que satisfazem suas necessidades naturais. As coisas que só parecem boas para você, e que podem não ser verdadeiramente boas para você, são as coisas que satisfazem suas apetências adquiridas.

Outra maneira de dizer isso é dizer que bens aparentes são aquelas coisas que chamamos de boas porque de fato as desejamos conscientemente naquela hora. Nós as queremos. Porque as queremos, elas nos parecem boas e as chamamos de boas. Todavia, os bens verdadeiros são as coisas de que necessitamos, estejamos conscientes dessa necessidade ou não. Sua bondade consiste em satisfazer um desejo inerente à natureza humana.

Há ainda outra maneira de dizer a mesma coisa, e vale a pena considerá-la porque ela amplia nossa compreensão do raciocínio de Aristóteles. O bom é o desejável e o desejável é o bom. Mas uma coisa pode ser desejável em dois sentidos distintos da palavra "desejável", assim como ela pode ser boa em dois sentidos de "boa". Podemos dizer que algo é desejável porque num dado momento efetivamente desejamos esse algo. Ou podemos dizer que algo é desejável porque deveríamos desejá-lo, independentemente de, num dado momento, desejarmos esse algo ou não.

Aquilo que é desejável num sentido pode não ser desejável em outro. Podemos efetivamente desejar aquilo que não deveríamos desejar, ou podemos efetivamente não desejar aquilo que deveríamos desejar. Aquilo que é realmente bom para nós é algo que sempre deveríamos desejar porque necessitamos desse algo, e não temos necessidades erradas. Mas aquilo que só parece bom para nós é algo que se pode desejar erradamente. Pode ser algo que não deveríamos desejar porque se mostrará realmente ruim para nós ainda que, na hora em que o desejamos, pareça bom porque o queremos.

O único plano correto para obter a felicidade ou a vida boa é, segundo Aristóteles, um plano que nos leva a buscar e a adquirir as coisas cuja posse é realmente boa. Essas são as coisas de que necessitamos não apenas para viver, mas também para viver bem. Se buscarmos todos os bens verdadeiros que deveríamos possuir durante nossa vida, buscaremos a felicidade de acordo com o plano de vida correto, aquele que deveríamos adotar.

Como as necessidades naturais, baseadas em nossas capacidades e tendências humanas comuns, são as mesmas em todos os seres humanos, aquilo que é realmente bom para uma pessoa é realmente bom para outra. É por isso que a felicidade humana é a mesma para todos os seres humanos: ela consiste na posse de todas as coisas cuja posse é verdadeiramente boa, coisas acumuladas não de uma só vez, mas ao longo de toda uma vida. E é por isso que o único plano correto para viver bem é o mesmo para todos os seres humanos.

Nenhuma vida humana pode ser completamente privada de bens verdadeiros, pois no nível biológico a privação total de necessidades básicas tornaria impossível manter-se vivo por muito tempo. As necessidades biológicas de comida, bebida, abrigo e sono têm de ser satisfeitas, ao menos minimamente, a fim de que o organismo vivo mantenha-se vivo. Mas quando essas necessidades são satisfeitas somente nesse nível mínimo e nada além disso, apenas manter-se vivo – ou a mera subsistência – é um mau meio para viver bem.

Não apenas essas necessidades biológicas básicas devem ser satisfeitas além do nível da mais mínima subsistência necessária para manter a vida, como também muitas outras necessidades devem ser satisfeitas para que todas as nossas capacidades e tendências humanas aproximem-se da realização. Se a felicidade consiste nessa realização completa, então cada indivíduo se aproxima mais dela à medida que é mais capaz de satisfazer suas necessidades humanas e de vir a possuir as coisas que são realmente boas para si.

*

Um plano para viver bem é melhor do que outro na medida em que guia o indivíduo a uma realização mais completa de suas capacidades e a uma satisfação mais completa de suas necessidades. E o melhor plano de todos, aquele que deveríamos adotar, é o plano que almeja todos os bens reais na ordem e na medida corretas e que, além disso, nos permita buscar coisas que queremos mas de que não necessitamos, na medida em que obtê-las não nos impeça de satisfazer nossas necessidades ou de realizar nossas capacidades.

Nem todos os bens aparentes – coisas que desejamos, mas das quais não precisamos – chegam a nos fazer mal. Alguns não são prejudiciais em si mesmos; e outros não chegam a trazer desvantagens no sentido de impedir ou frustrar nossos esforços para obter as coisas de que precisamos e que são realmente boas para nós. A busca da felicidade por um homem pode ser diferente da busca da felicidade por outro, mesmo que ambos sigam o único plano correto para viver bem.

A razão para essas diferenças, quando surgem, é que cada indivíduo pode querer para si coisas diferentes das coisas de que precisa. Ainda que aquilo que é realmente bom para um ser humano seja o mesmo para todos, aquilo que parece bom para cada indivíduo, de acordo com suas apetências, pode ser bem diferente daquilo que parece bom para outro indivíduo. O que cada indivíduo quer para si pode ser um bem aparente que nem o prejudica nem impede sua busca da felicidade.

Agora você entende um pouco as ideias de Aristóteles sobre a felicidade e sobre como buscá-la. Você percebe por que ele acha que ela é igual para todos os seres humanos e por que deveríamos tentar obtê-la adotando o único plano sério para isso. Outras questões ainda precisam de respostas.

Quais são os bens verdadeiros que um indivíduo deveria buscar para viver bem ou para dar a si uma vida boa? Mencionamos alguns deles, mas nem todos. Será que é possível completar a lista dos bens verdadeiros?

Se é, então resta ainda outra questão, a mais importante de todas: como deveríamos tentar possuir todas as coisas de que necessitamos naturalmente – de todos os bens verdadeiros que deveríamos ter em nossas vidas? Quais meios são indispensáveis para atingir o fim último que temos em mente?

Só quando essas questões tiverem sido respondidas é que teremos uma compreensão completa do plano de vida que se deve seguir para obter a felicidade.

12
COMO BUSCAR A FELICIDADE

Será que Thomas Jefferson, quando preparou a Declaração de Independência dos Estados Unidos, entendia a visão de Aristóteles da felicidade e de como buscá-la?

A Declaração diz que todos os seres humanos, sendo iguais por natureza, têm o mesmo direito à vida, à liberdade e à busca da felicidade. A vida, como vimos, é em si mesma um meio para a vida boa. Também a liberdade.

A menos que possamos escolher livremente as coisas de que necessitamos ou que queremos, e a menos que possamos livremente levar a cabo as escolhas que fazemos – sem coerção nem impedimento – não podemos buscar a felicidade. Se tudo está determinado para nós, se o esquema de nossa vida nos é imposto, não faz sentido falar de planejar nossas vidas ou de adotar um plano para viver bem.

Precisamos ficar vivos para viver bem. Precisamos de liberdade para fazer um esforço – um esforço planejado – para viver bem. Como precisamos dessas coisas para buscar a felicidade, temos direito a elas. Mas temos de buscar a felicidade? Precisamos viver bem? Se não, qual a base para dizer, como disse Jefferson, que todos os seres humanos têm o direito – direito intrínseco à sua natureza humana – de buscar a felicidade?

A resposta a essa pergunta está em diversos pontos que foram discutidos nos capítulos anteriores. Vimos que viver bem, ou a felicidade, é o fim último ou definitivo de todas as nossas ações na vida – o bem que buscamos por causa dele mesmo e não de outro bem ulterior. Também vimos que efetivamente desejamos certas coisas e que, ao fazê-lo, elas nos parecem boas. Há outras coisas que deveríamos desejar porque elas são realmente boas para nós, quer nos pareçam boas, quer não.

Agora, se a boa vida como um todo é aquela que inclui ter todas as coisas que são realmente boas para nós, então devemos desejar viver bem — atingir a felicidade ou a boa vida. Como tudo o que é realmente bom para nós é algo que deveríamos desejar, a soma total dos bens verdadeiros é algo que deveríamos desejar.

A palavra "deveria" expressa a noção de um dever ou de uma obrigação. Temos um dever ou uma obrigação de fazer aquilo que devemos fazer. Dizer que devemos buscar a felicidade como fim último da vida é dizer que temos um dever ou uma obrigação de tentar viver bem ou de tornar a vida boa para nós mesmos.

A fim de cumprir esse dever ou essa obrigação, precisamos de tudo o que é indispensável para tornar a vida boa para nós — precisamos dos verdadeiros bens que, em seu conjunto, constituem ou compõem a felicidade ou a vida boa. É por isso que temos direito a eles. Se não tivéssemos a obrigação de tentar viver bem e se não precisássemos de certas coisas para fazê-lo, não teríamos o direito a elas que Thomas Jefferson afirmou que tínhamos.

Thomas Jefferson pensava que todos os seres humanos, por terem a mesma natureza humana, tinham os mesmos direitos naturais. Isso equivale a dizer que todos têm as mesmas necessidades naturais — que aquilo que é realmente bom para um ser humano é realmente bom para todos os seres humanos. Nesse sentido, Thomas Jefferson parece ter adotado a ideia aristotélica de que a busca da felicidade diz respeito a todos os seres humanos buscarem e tentarem obter o mesmo conjunto de bens reais para si.

*

Antes que eu tente listar os verdadeiros bens que Aristóteles achou que todos deveríamos buscar, gostaria de discutir por um momento a diferença entre a questão "O que devo fazer para buscar a felicidade?" e a questão "Como devo proceder para fazer uma cadeira, um quadro ou uma música?". A diferença entre essas duas questões ilumina a diferença entre agir e fazer, e entre o tipo de pensamento relacionado a agir para viver bem e o tipo de pensamento relacionado à produção de alguma coisa bem feita.

Se você tentar fazer uma cadeira, um quadro ou uma música, precisa ter uma ideia produtiva da coisa a ser feita, e precisa ter o saber prático ou a capacidade necessária para produzir uma cadeira, um quadro ou uma música bem-feita. A ideia produtiva e o saber prático são os meios para aquele fim. Mas você não tem nenhum obrigação de buscar aquele fim. Somente *se* você estiver determinado a fazer aquela cadeira, quadro ou música particular você precisa usar os meios necessários para sua produção.

A busca da felicidade é diferente da produção de uma cadeira, de um quadro ou de uma música porque você não começa dizendo: "Se quero buscar a felicidade, devo fazer isso ou aquilo". Não há nenhum *se* em questão, como há no caso da cadeira, do quadro ou da música. Você pode não querer produzir uma cadeira particular, nem precisa, mas você deveria buscar a felicidade. É por isso que não há nenhum *se* quanto a isso.

Você deve buscar a felicidade, mas como deve fazer isso? Essa é a questão que precisa ser respondida.

*

Aristóteles nos oferece duas respostas relacionadas a essa questão. A primeira consiste na enumeração dos verdadeiros bens de que todos nós necessitamos – os bens que, juntos, constituem a felicidade ou a vida boa como um todo. A segunda resposta consiste em sua prescrição para obter todos os verdadeiros bens de que necessitamos no curso de uma vida. A primeira resposta é mais fácil do que a segunda, então comecemos por ela.

Por natureza, somos animais que questionam, que pensam e que conhecem. Como animais, temos corpos que necessitam de certos cuidados. Como animais humanos, temos mentes que devem ser exercitadas de certos modos. Alguns dos verdadeiros bens de que necessitamos são chamados por Aristóteles de bens corporais, como a saúde, a vitalidade e o vigor. E como nossos sentidos nos dão a experiência dos prazeres e das dores carnais, Aristóteles também inclui esses prazeres entre os verdadeiros bens. Creio que poucos dentre nós questionariam seu bom senso ao afirmar que devemos buscar o prazer corporal e que devemos evitar, se possível, a dor corporal.

Esses bens corporais são bens que compartilhamos com outros animais. São bens para nós porque somos animais. É somente pelo modo como os buscamos que nos distinguimos dos outros animais. Por exemplo, outros animais instintivamente tentam evitar a dor corporal e sempre instintivamente tentam gozar do prazer corporal. Vê-se que é assim observando um cão ou um gato de estimação. Mas os seres humanos às vezes abrem mão do prazer corporal ou suportam a dor corporal em nome de algum outro bem que julgam mais desejável. E podemos até pensar que é recomendável que limitemos nosso gozo dos prazeres corporais para dar espaço em nossas vidas a outros bens mais importantes.

Os bens corporais que foram mencionados são meios para o fim último que é a felicidade ou a boa vida. Mas são também, em si mesmos, fins para os quais outras coisas servem de meios. Para nossa saúde corporal, nossa vitalidade e nosso prazer, necessitamos de comida, bebida, roupas e sono.

Aristóteles reúne essas coisas todas num único grupo, que chama de bens externos ou riqueza. A riqueza, segundo Aristóteles, é um verdadeiro bem porque é um meio necessário para a saúde, para a vitalidade e para o prazer corporais. Sem uma certa quantidade de riqueza, não temos como gozar de saúde, de vitalidade ou de prazer, e sem essas coisas não se pode viver bem.

Os indivíduos que passam fome, que passam frio ou calor, os indivíduos que não dormem, ou cujos corpos estão consumidos pelo esforço de manterem-se vivos a cada momento, os indivíduos que carecem dos bens externos que proporcionam os simples confortos da vida não podem viver bem. Estão numa situação tão ruim quanto aqueles forçados a trabalhar como escravos, que estão acorrentados, ou que estão atrás das grades. A falta de uma certa quantidade de riqueza é um obstáculo para viver bem e para atingir a felicidade tanto quanto a privação de uma certa quantidade de liberdade.

Em ambos os casos eu disse, como Aristóteles diria, "uma certa quantidade". Ele não diz que é preciso ter liberdade ilimitada para viver bem, nem diz que a riqueza ilimitada é necessária. A razão para a limitação não é a mesma, mas ambas são bens limitados e não ilimitados, assim como o prazer corporal é também um bem limitado, do qual podemos querer mais do que o devido para nosso próprio bem último.

*

Aos dois tipos de bens que já foram mencionados – os bens corporais e os bens externos ou a riqueza – Aristóteles acrescenta um terceiro. Ele chama esses bens de bens da alma. Podemos referi-los como bens psicológicos, assim como referiríamos os bens do corpo como bens físicos.

Os mais óbvios desses bens psicológicos são os bens da mente, como todos os tipos de conhecimento, incluindo o saber prático e as capacidades. Entre as capacidades de que todos precisamos certamente está a capacidade de pensar. Precisamos dela não só para produzir coisas bem feitas, mas também para agir bem e para viver bem.

Talvez sejam menos óbvios os bens psicológicos de que necessitamos porque, além de sermos animais que pensam, somos animais sociais. Não conseguimos viver bem em completa solidão. Uma vida solitária não é uma vida boa, assim como a vida de um escravo ou de um preso não é uma vida boa.

Assim como naturalmente desejamos adquirir conhecimento, também naturalmente desejamos amar outros seres humanos e ser amados por eles. Uma vida totalmente sem amor – uma vida sem qualquer espécie de amigos – é uma vida desprovida de um bem muito necessário.

Ainda que outros seres humanos sejam tão externos a nós quanto as diversas formas de riquezas, Aristóteles não coloca a amizade entre os bens externos. Antes, ele a considera um bem psicológico – um bem da alma. Como ela atende uma necessidade psicológica nossa, a amizade é semelhante ao conhecimento e às capacidades, não às coisas que satisfazem nossas necessidades corporais.

Assim como há prazeres do corpo, também há prazeres da mente. Entre esses, por exemplo, está o prazer que sentimos ao fazer coisas e ao fruir de obras de arte – coisas bem feitas por outros. Também há a satisfação que sentimos ao adquirir conhecimento, ou por possuir uma capacidade de algum tipo, ou em amar e ser amados.

Os seres humanos desejam ser amados. Também desejam ser respeitados pelas características que julgam admiráveis ou amáveis. Por reconhecer isso, Aristóteles inclui, entre os bens que contribuem para a boa vida, a autoestima e a honra. Mas, em sua perspectiva, ser honrado não é um verdadeiro bem se não for pela razão correta – se não merecermos realmente a honra recebida. Alguns indivíduos buscam a fama em vez da honra. Contentam-se em ter uma boa reputação, mesmo que não a mereçam.

*

Agora enumerei quase integralmente os verdadeiros bens que Aristóteles julga comporem a vida boa como um todo. Eles são as partes componentes daquele todo e por isso são os meios que devemos usar para obter aquele todo para nós. Essa é a primeira resposta de Aristóteles à questão de como ter sucesso na busca da felicidade. Na medida em que conseguimos obter e possuir todos esses bens verdadeiros, temos sucesso em nosso esforço de viver bem e de proporcionar a nós mesmos uma vida boa.

A segunda resposta de Aristóteles à mesma questão envolve um tipo diferente de receita a ser seguida. Ela nos orienta a agir de modo a desenvolver um bom caráter moral. Além e acima dos verdadeiros bens mencionados até agora, há outra classe de bens de que necessitamos – os bons hábitos; mais especificamente, bons hábitos escolhidos.

As pessoas que desenvolveram a capacidade de jogar tênis bem possuem um bom hábito, que as permite jogar bem regularmente. As pessoas que adquiriram a capacidade de resolver problemas de geometria ou de álgebra têm um bom hábito. O mesmo vale para aqueles que com regularidade e sem dificuldade se abstêm de comer ou de beber mais do que lhes faria bem, ou de entregar-se demais aos prazeres do sono ou da recreação.

Todos esses hábitos são bons, mas os bons hábitos mencionados por último são diferentes dos demais. A capacidade de jogar tênis é um bom hábito corporal, e a capacidade de resolver problemas matemáticos com facilidade é um bom hábito da mente. Os bons hábitos desse tipo nos permitem realizar certas ações com excelência, não só com regularidade, mas também sem esforço. Mas, se existem hábitos de ação, também existem hábitos que nos permitem fazer certas escolhas regularmente, e sem ter de passar pelo processo de chegar a uma decisão e efetivamente optar por algo a cada vez que fazemos uma escolha.

A pessoa que adquiriu a disposição firme e forte de evitar comer ou beber demais tem um hábito assim. Trata-se de um *bom* hábito porque a decisão de abster-se diante da tentação de comer e beber demais é a decisão *correta*.

A comida e a bebida são verdadeiros bens, mas só em quantidades moderadas. É possível adquirir bens verdadeiros e ter prazeres de todos os tipos em excesso. Com frequência queremos uma porção maior deles do que nos faria bem, uma porção maior do que aquela de que necessitamos. É por isso que Aristóteles diz que precisamos de bons hábitos de escolha ou de decisão – a fim de buscar os verdadeiros bens na quantidade correta e também para buscá-los na ordem correta e numa relação correta entre si.

O nome que Aristóteles dá a todos os bons hábitos é uma palavra grega que pode ser traduzida por "excelência". No entanto, essa palavra grega nos chega com mais frequência pela via latina, por isso a palavra mais comum para os bons hábitos é "virtude".

Os bons hábitos do tipo exemplificado pelas capacidades de qualquer tipo são as virtudes da mente, ou as virtudes intelectuais. Os bons hábitos do tipo exemplificado por uma disposição firme de escolher ou de decidir corretamente constituem o caráter de uma pessoa, e por isso Aristóteles os chama de virtudes morais.

Os dois tipos de virtudes são bens reais de que necessitamos para uma boa vida. Mas a virtude moral desempenha um papel muito especial em nossa busca da felicidade, tão especial que Aristóteles nos diz que uma vida boa é uma vida em que as escolhas ou decisões foram moralmente virtuosas.

Tentarei explicar por que Aristóteles pensa que essa afirmativa resume a questão no próximo capítulo.

13
BONS HÁBITOS E BOA SORTE

Alguns dos verdadeiros bens necessários para uma vida boa são meios para outros. Os bens externos, como comida, roupas e abrigo são meios para ter saúde, vitalidade e vigor. Precisamos de riquezas para viver bem porque precisamos de saúde para viver bem.

De modo análogo, precisamos de saúde, de vitalidade e de vigor para realizar atividades que são necessárias para a obtenção de outros bens. Se não tivéssemos de fazer nada para viver bem, não precisaríamos de vitalidade nem de vigor para ser ativos.

Na hierarquia dos bens, o topo cabe àqueles que desejamos por causa deles mesmos e por causa da vida boa. A riqueza, por exemplo, não é desejável em si mesma, mas só como meio para viver bem. Mas verdadeiros bens como a amizade e o conhecimento são desejáveis em si mesmos, e também por causa da vida boa.

Alguns verdadeiros bens são bens limitados; outros são ilimitados. Por exemplo, a riqueza e o prazer corporal são bens limitados. Você pode querer mais deles do que precisa, e mais do que aquilo de que você precisa na verdade não lhe faz bem. O conhecimento, as capacidades e os prazeres da mente são bens ilimitados. Ter cada vez mais deles é sempre melhor. Eles nunca são demais.

Se não houvesse bens limitados dos quais você pudesse querer mais do que aquilo de que precisa, *se* todos os verdadeiros bens fossem igualmente importantes, de modo que nenhum deles devesse ser buscado por causa de nenhum outro, *se* querer certas coisas que parecem boas não entrasse em conflito com a busca de outras coisas que são realmente boas – *se* a vida pudesse ser vivida desse jeito, então haveria pouca ou nenhuma dificuldade em viver uma vida boa, e não haveria necessidade de bons hábitos de escolha e de decisão a fim de ter sucesso na busca da felicidade.

Mas Aristóteles sabia que as coisas não eram assim. Se você parar um minuto para considerar sua própria vida, verá que ele tinha razão. Pense nos seus arrependimentos. Lembre-se das vezes em que você lamentou ter sido preguiçoso e não ter feito o que era necessário para obter alguma coisa de que precisava. Ou então recorde as vezes em que você se permitiu o prazer de dormir ou de comer demais e se arrependeu depois. Ou aquela vez em que você não fez algo que deveria ter feito porque tinha medo da dor que poderia sentir ao fazer aquilo.

Se você tivesse feito a escolha certa, se tivesse tomado a decisão certa todas essas vezes, não teria nenhum arrependimento. As escolhas e as decisões que não o deixam com arrependimentos são aquelas que contribuem para sua busca da felicidade ao colocar os bens corretos na hierarquia correta, ao limitar sua quantidade quando ela deve ser limitada, e ao deixar de lado as coisas que você quer se elas forem obstáculos às coisas de que você precisa.

*

Segundo Aristóteles, a virtude moral é o hábito de fazer as escolhas certas. Fazer uma ou duas escolhas certas dentre muitas escolhas erradas não basta. Se as escolhas erradas são em número muito maior do que as escolhas certas, você persistirá na direção errada – irá para longe da felicidade, e não para perto dela. É por isso que Aristóteles enfatiza a ideia de hábito.

Você sabe como os hábitos se criam. Para criar o hábito de ser pontual nos seus compromissos, você tem de tentar ser pontual repetidas vezes. Gradualmente se cria o hábito da pontualidade. Uma vez criado, você tem uma disposição firme e forte de ser pontual ao chegar onde prometeu chegar. Quanto mais forte o hábito, mais fácil agir daquele jeito, e mais difícil perdê-lo ou agir de maneira oposta.

Quando você cria um hábito e ele está bem desenvolvido, sente prazer em fazer aquilo que tem o hábito de fazer porque o faz com facilidade – quase sem esforço. Você sente que é doloroso agir de modo contrário a seus hábitos.

Aquilo que acabo de dizer vale para os bons e para os maus hábitos. Se você criou o hábito de dormir demais, é fácil e agradável desligar o despertador e continuar dormindo. É difícil e doloroso acordar na hora. Por isso, se você criou o hábito de se permitir entregar-se a certos prazeres ou de evitar certas dores, é difícil abandoná-lo.

Na visão de Aristóteles, esses são maus hábitos porque interferem naquilo que você deveria fazer para obter as coisas de que necessita. Os hábitos opostos são bons hábitos porque permitem que você obtenha aquilo que é verdadeiramente bom para você, em vez de obter somente aquilo que parece bom na hora e pode mostrar-se ruim em longo prazo.

Os bons hábitos, ou as virtudes morais, são hábitos de fazer as escolhas certas entre bens verdadeiros e aparentes. Os maus hábitos, que Aristóteles chama de "vícios", são hábitos de fazer as escolhas erradas. Cada vez que você faz uma escolha certa e a leva a cabo, você faz algo que o coloca na direção de seu fim último de viver uma vida boa. Cada vez que você faz uma escolha errada e a leva a cabo, caminha na direção oposta. A pessoa virtuosa é aquela que faz as escolhas certas regularmente, repetidas vezes, ainda que não necessariamente todas as vezes.

É por isso que Aristóteles julga que a virtude tem um papel tão importante na busca da felicidade. É por isso que ele considera a virtude moral o principal meio para a felicidade, e a mais importante das coisas cuja posse é verdadeiramente boa. A virtude moral também é um bem ilimitado. Ela nunca é demais. Os hábitos de fazer as escolhas e de tomar as decisões corretas nunca estão firmes demais.

*

Aristóteles chama um aspecto da virtude moral de temperança. Ela consiste em habitualmente resistir à tentação de entregar-se em excesso a todos os tipos de prazer, ou de buscar mais do que se deve de qualquer bem limitado, como a riqueza. Uma razão por que os prazeres corporais nos tentam é que normalmente podemos gozá-los imediatamente. A temperança nos permite resistir àquilo que parece bom a curto prazo em nome daquilo que é realmente bom para nós a longo prazo. A temperança também nos permite buscar a riqueza na medida certa — apenas enquanto meio para outros bens, e não por causa dela mesma, como se fosse um fim em si mesma, um bem ilimitado.

Aristóteles chama outro aspecto da virtude moral de coragem. Assim como a temperança é uma disposição habitual de resistir à atração dos prazeres por causa de bens mais importantes que o excesso de prazer nos impediria de obter, também a coragem é uma disposição habitual de fazer o que for necessário para obter aquilo que devemos obter para ter uma vida boa.

Por exemplo, admitimos que obter conhecimento e desenvolver certas capacidades são virtudes intelectuais que devemos ter. Mas a aquisição de conhecimento e de capacidades pode ser dolorosa. Estudar é muitas vezes difícil; aprender a tocar bem um instrumento musical, a escrever bem ou a pensar bem envolve uma prática que é muitas vezes incômoda.

O hábito de evitar aquilo que é difícil ou incômodo porque é doloroso certamente pode interferir na aquisição de conhecimentos e de capacidades cuja posse é verdadeiramente boa. Aristóteles chama esse mau hábito de covardia.

A pessoa que habitualmente evita as dores e os transtornos de obter os verdadeiros bens é tão covarde quanto o soldado que foge da batalha por medo de ser ferido. O soldado que arrisca sua vida ou que vence seu medo das feridas por causa da vitória por boa causa tem coragem, assim como qualquer pessoa que habitualmente enfrente transtornos, passe por dificuldades e sofra dores a fim de obter coisas que lhe são verdadeiramente boas.

*

A temperança e a coragem são aspectos distintos da virtude moral. Uma tem a ver com resistir à atração dos prazeres corporais e com limitar nossa ânsia por bens limitados. A outra tem a ver com sofrer dores e transtornos. Mas ambas são semelhantes num aspecto importante. Ambas são hábitos de fazer a escolha certa entre algo que pode ser verdadeiramente bom, mas só no curto prazo do hoje, do amanhã, da semana que vem, e algo que é verdadeiramente bom para nós no longo prazo de nossa vida como um todo.

Aristóteles percebia que é difícil para aqueles que são jovens em anos ou em experiência manter os olhos em bens remotos e futuros e não em prazeres e dores imediatas. Ele sabia que isso é difícil até para aqueles que são mais velhos. Mas ele também nos lembrava de que a dificuldade de olhar para a vida como um todo é uma dificuldade que todos temos de vencer para adquirir a virtude moral – o hábito de escolher corretamente entre bens de importância duradoura e os prazeres e as dores transitórias.

Ao apontar isso, ele chama nossa atenção para o fato de que tentar viver bem não é fácil para nenhum de nós. Isso não torna o objetivo menos desejável de obter. Nem nos dispensa da obrigação de fazer o esforço. Pelo contrário: na visão de Aristóteles, a satisfação advinda do sucesso de viver uma boa vida ou de tentar vivê-la vale todas as dificuldades e esforços.

Por si, todavia, a vontade de enfrentar as dificuldades e de fazer o esforço não basta. Se um indivíduo tem as matérias-primas apropriadas à sua disposição, ou se tem a capacidade ou o saber prático necessário para produzir algo que é bem feito, sua produção está quase inteiramente sob o poder do indivíduo. Se os indivíduos fracassam, a culpa é deles. Infelizmente, aquilo que vale para a produção de uma obra de arte não vale para viver uma vida boa.

O sucesso nesse empreendimento não está inteiramente em nosso poder. Podemos fracassar sem ter culpa. Podemos fracassar mesmo quando temos a virtude moral que Aristóteles julgava necessária para o sucesso. Os bons hábitos de escolha são necessários para o sucesso, mas tê-los não o garante.

A razão de ser assim é que todos os verdadeiros bens cuja posse deveríamos buscar a fim de viver bem não dependem só de nosso poder de obtê-los. Alguns, como os bons hábitos da mente e do caráter (as virtudes intelectuais e morais) dependem muito mais de nós do que outros, como a riqueza e a saúde, ou até a liberdade e a amizade. Mesmo adquirir conhecimento e capacidades, ou criar bons hábitos de escolha, pode depender de ter pais e professores que nos ajudem, e não temos como controlar isso.

Não temos como controlar as condições em que nascemos e em que somos criados. Não podemos obrigar a sorte a sorrir para nós. Muito daquilo que nos acontece, nos acontece por acaso, não por uma escolha nossa.

Nosso esforço não nos garante a posse dos bens externos necessários para levar uma vida boa. Nem o cuidado que temos com nossos corpos nos garante que manteremos nossa saúde e nosso vigor. A pobreza e as doenças que nos deixam incapacitados e até a perda da liberdade e dos amigos podem recair sobre nós, apesar de nossa conduta ter sido a mais virtuosa possível.

*

A virtude moral, porém, por mais importante que seja para viver uma vida boa, não basta, porque tanto a sorte quanto a escolha têm um papel na busca da felicidade. A boa fortuna é tão necessária quanto os bons hábitos. Alguns dos bens reais que chegamos a possuir são sobretudo um dom da fortuna, ainda que usá-los bem dependa dos bons hábitos. Aos olhos de Aristóteles, isso faz com que a virtude moral ainda seja o principal fator para se viver uma vida boa.

Além disso, ter bons hábitos nos permite suportar melhor os infortúnios. Se não temos como controlar o que nos acontece por acaso, ao menos podemos tirar vantagem das coisas boas que nos caem no colo graças à boa fortuna; e podemos tentar compensar pelas coisas de que a má fortuna nos priva. A virtude moral nos ajuda dessas duas maneiras a lidar com as idas e vindas da fortuna – da má e da boa.

Aristóteles resume tudo isso quando diz que nosso sucesso em viver uma vida boa depende de duas coisas. Uma é ter a virtude moral que nos permite fazer as escolhas certas todos os dias. Outra é ser abençoado pela boa sorte ou pela boa fortuna. Assim como a virtude moral nos impede de ir na direção errada e de escolher coisas que não são verdadeiramente boas para nós, também a boa fortuna nos proporciona os verdadeiros bens cuja obtenção não depende exclusivamente de nós mesmos.

Uma vida boa, como se disse, é aquela em que a pessoa tem tudo aquilo que deseja, desde que não deseje nada inadequado. Para não desejar nada de inadequado, é preciso ter virtude moral. Mas também é preciso possuir bens que estão além do alcance de nossa escolha – os bens concedidos a nós pela boa sorte, além dos bens adquiridos pelos bons hábitos de escolha.

Entre esses bens da fortuna estão coisas que dependem do ambiente físico e da sociedade em que nascemos, em que fomos criados, e em que levamos nossas vidas. Aristóteles nunca nos deixa esquecer de que somos animais sociais e também organismos físicos. Ter uma boa família e viver numa boa sociedade são coisas tão importantes quanto viver num bom clima e ter bom ar, boa água, outros recursos físicos à disposição.

*

Até aqui, consideramos a busca da felicidade como se fosse um propósito solitário – como se fosse algo que cada um de nós pudesse fazer sozinho, sem pensar nos outros. Realmente as coisas não são assim. Como não podemos viver bem em completa solidão, temos de pensar naquilo que temos de fazer para viver bem com outros. Também temos de pensar naquilo que os outros podem e devem fazer para nos ajudar em nosso esforço de levar uma vida boa.

A busca da felicidade é egoísta na medida em que a vida boa a que se almeja seja a própria, não a vida boa de outra pessoa. Mas quando percebemos que não podemos ter sucesso na busca da felicidade sem considerar a felicidade alheia, nosso interesse próprio é esclarecido. Não podemos ser inteiramente egoístas e ter sucesso.

É por isso que, segundo Aristóteles, os dois aspectos da virtude moral que consideramos até agora não são suficientes. Além da temperança e da coragem, há a justiça. A justiça está relacionada ao bem alheio, não só de nossos amigos ou daqueles que amamos, mas de todos. A justiça também tem a ver com o bem da sociedade em que vivemos e que envolve tudo – a sociedade que chamamos de Estado.

Viver numa sociedade boa contribui muito para a busca da felicidade individual porque uma sociedade boa é aquela que trata de modo justo os indivíduos que são seus membros. Ela também exige que os outros indivíduos tratem os demais indivíduos de modo justo e que ajam para o bem da sociedade como um todo. Esse é um bem no qual todos os membros da sociedade têm parte.

As pessoas que não têm temperança nem coragem prejudicam a si mesmas por fazer as escolhas erradas regularmente. As pessoas que fazem as escolhas erradas regularmente também serão injustas e prejudicarão outras e a sociedade em que vivem. A razão disso é que aqueles que almejam firmemente a vida verdadeiramente boa para si regularmente farão escolhas que permitirão alcançar esse objetivo. As escolhas assim direcionadas também almejarão uma vida verdadeiramente boa para os outros e o bem-estar da sociedade compartilhada por eles e pelos outros.

Considere, por exemplo, a pessoa que quer mais riqueza do que é realmente bom, ou a pessoa que se entrega excessivamente a seu apetite por prazeres corporais, ou a pessoa que anseia por algo que não é verdadeiramente bom para ninguém – o poder sobre outros seres humanos, a fim de dominar suas vidas. Certamente essas pessoas arruinarão as próprias vidas. Também é altamente provável que vão prejudicar outras pessoas por voltarem-se para a direção errada. Mas as pessoas que apontam suas próprias vidas para a direção certa só podem beneficiar os outros e a sociedade em que vivem.

14
O QUE OS OUTROS TÊM O DIREITO DE ESPERAR DE NÓS

Aristóteles disse duas coisas que me parecem extraordinariamente sensatas sobre a relação entre um ser humano e outro. Se entendidas, mostram-se puro bom senso.

Ele disse que, se todos os homens fossem amigos, não seria necessário haver Justiça. Ele também disse que a justiça é o laço entre os homens nos Estados.

Juntando essas duas observações, concluímos que os membros de um Estado (que é a maior sociedade organizada a que pertencemos) não são todos amigos uns dos outros. Se fossem, não precisariam ser reunidos pela Justiça para formar a sociedade que chamamos de Estado.

A maioria de nós pertence a mais de uma sociedade ou grupo organizado. Somos membros de uma família, seja como pais, como filhos, ou ambos. Também podemos pertencer a outros grupos organizados, como uma escola, um clube, uma empresa de algum tipo. Todas elas são sociedades ou associações de seres humanos que se combinaram uns com os outros em nome de algum propósito comum.

O propósito da associação distingue dois desses grupos organizados dos demais. Associações como escolas, universidades, hospitais, empresas e clubes almejam todas servir algum bem particular. As instituições de ensino, por exemplo, almejam a disseminação e o progresso do conhecimento; os hospitais, o cuidado com a saúde; as empresas, a produção ou a distribuição de coisas a comprar e a vender, e daí por diante.

Em contrapartida, a família é uma sociedade que almeja manter a vida de seus membros, e o Estado é uma sociedade que almeja enriquecer e melhorar essa vida. Aristóteles crê que, se não houvesse outras vantagens em viver em Estados, os seres humanos se contentariam em viver na sociedade menor da família ou em sociedades um pouco maiores formadas por um grupo de famílias – algo como uma tribo. O que levou os homens a agrupar as famílias em tribos e a agrupar as tribos em sociedades ainda maiores foram, na visão de Aristóteles, as vantagens que se poderia obter com associações maiores e mais inclusivas.

Como vimos, nosso objetivo como seres humanos deveria ser não apenas continuar vivos, mas viver bem – tão bem quanto possível. Claro que continuar vivos é indispensável para vivermos bem. Como os seres humanos não são animais solitários, mas sociais, devem associar-se uns com os outros a fim de manter e de preservar suas vidas, e de trazer ao mundo outra geração, que deve ser cuidada e protegida durante a infância.

Segundo Aristóteles, a família e a tribo são as associações ou sociedades que originalmente passaram a existir para servir esses propósitos. Talvez elas não façam mais isso, ou não na mesma medida, mas Aristóteles pede que pensemos sobre sua origem. O que levou os seres humanos a formar essas associações?

Uma resposta que sugere a si própria é "instinto". O instinto leva as abelhas a formar colmeias e as formigar a formar colônias ou formigueiros. Talvez, então, seja um instinto humano formar famílias, tribos e Estados. Se sim, essas sociedades seriam completamente naturais, ao contrário de associações como escolas, clubes ou empresas. Estes últimos dificilmente são produtos do instinto. Os homens se reúnem voluntariamente para formar essas associações por causa dos propósitos particulares que elas atendem.

Na visão de Aristóteles, as famílias, as tribos e os Estados, assim como as escolas, clubes e empresas, não são produtos do instinto. Eles não são como colmeias e formigueiros, que sempre são organizados do mesmo jeito para cada espécie de abelha ou de formiga, onde quer que se possa encontrá-la, geração após geração. Mas ainda que todos os animais pertençam à mesma espécie, encontramos padrões muito diferentes de associação e de organização nas famílias, tribos e Estados humanos.

Isso, segundo Aristóteles, indica que essas sociedades foram, em sua origem, formadas propositada e voluntariamente, e formadas com algum plano de organização que os seres humanos envolvidos conceberam por si próprios. Nessa medida, são semelhantes às escolas, aos clubes e às empresas que os seres humanos instituem de modo voluntário, propositado e pensado. Mas as famílias, as tribos e os Estados também são diferentes das escolas, dos clubes e das empresas na medida em que são associações voluntárias e naturais.

*

Será que Aristóteles não se contradiz ao dizer que as famílias, as tribos e os Estados são simultaneamente voluntários e naturais? Ele estaria se contradizendo se achasse que as famílias, as tribos e os Estados são naturais do mesmo jeito que as abelhas e os formigueiros são naturais — produtos do instinto. Mas, de acordo com Aristóteles, há outra maneira de uma sociedade ser natural. Ela pode ser natural no sentido de que deve ser formada para atender alguma necessidade natural — a necessidade de permanecer vivos, ou a necessidade de viver bem.

Uma sociedade pode ser natural nesse sentido, e também ter sido formada de modo voluntário, propositado e pensado — para servir o fim que faz dela uma sociedade natural.

As famílias, segundo Aristóteles, originaram-se da necessidade de os seres humanos manterem-se vivos e protegerem e criarem seus filhos. Os grupos de famílias, ou as tribos, por serem um pouco maiores e por envolverem mais seres humanos em trabalhos conjuntos, passaram a existir para servir a essa mesma necessidade com mais eficácia. A organização cada vez maior do Estado, que originalmente veio da combinação de famílias e de tribos, não apenas atendia a mesma necessidade de modo cada vez mais eficaz, como também servia ao propósito adicional de permitir que alguns indivíduos, se não todos, vivessem bem. Uma vez que a vida mesma estivesse segura, seria possível dedicar atenção e esforços a melhorar a vida e a torná-la melhor e mais rica.

Quando Aristóteles diz que o homem é por natureza um animal político, está dizendo mais do que diz a afirmação de que o homem é um animal social. Existem outros animais sociais, como as abelhas e as formigas, os lobos, que caçam em bandos, e os leões, que vivem em família. Mas somente os homens organizam suas sociedades de modo voluntário, propositado e pensado, e estabelecem leis ou costumes que distinguem uma sociedade humana de outra.

Esse é um sentido da afirmação de que o homem é um animal político. Ele é um animal que estabelece leis e costumes. Este é outro sentido. Quando Aristóteles declara que o homem é por natureza um animal político, também está dizendo que os seres humanos não podem viver bem, não podem obter o melhor tipo de vidas para si mesmos se apenas viverem em famílias e em tribos. Para isso, Aristóteles acha que eles devem viver juntos em cidades ou em Estados.

A palavra grega para cidade ou Estado é "pólis", de onde vem a palavra "político". A palavra latina para cidade é "civis", de onde vêm "civil" e "civilizado". Sendo políticos por natureza, os homens devem viver em Estados a fim de viver tão bem quanto possível. A vida boa é a vida civil ou civilizada.

*

Voltemos agora às duas afirmações com que este capítulo começou. Se todos os homens fossem amigos, a Justiça não seria necessária. Como os membros de um Estado raramente – ou nunca – são todos amigos uns dos outros, a Justiça é necessária para uni-los de modo pacífico e harmônico na maior das sociedades humanas: o Estado.

Suponhamos por um instante que os membros de uma família são todos amigos uns dos outros – amigos no sentido mais elevado do termo.

Quando dois seres humanos são amigos nesse sentido mais elevado, eles se amam. Seu amor os impele a desejar um o bem do outro, a desejar beneficiar o outro, a fazer qualquer coisa que seja necessária para melhorar ou para enriquecer a vida do outro.

Ambos, por causa dessa amizade ou amor, agirão de modo a promover a felicidade ou a vida boa um do outro. Nenhum deles faria qualquer coisa que prejudicasse o outro, impedindo ou obstruindo sua busca da felicidade.

É por isso que a Justiça seria desnecessária numa família em que os pais amassem os filhos, em que os filhos amassem os pais, e em que marido e esposa, irmãos e irmãs amassem uns aos outros perfeitamente o tempo todo. Mas na maior parte das famílias há momentos em que o amor ou amizade não chega à perfeição. Então um membro da família pode dizer a outro: "Você não está sendo justo comigo", ou "O que você está pedindo é injusto", ou "Tenho o direito de esperar isso ou aquilo de você".

Nesses momentos, o amor deixa de ser a coisa que une os membros da família, e a Justiça entra em cena – a Justiça que tenta cuidar para que o indivíduo obtenha aquilo que tem o direito de esperar, que o indivíduo esteja sendo tratado de modo justo pelos outros, e que esteja sendo protegido de males e prejuízos que possam lhe causar.

Se a Justiça não interviesse quando o amor falha ou se afasta da perfeição, os membros da família poderiam não ficar juntos, ou ao menos não viveriam juntos em paz e harmonia, tentando compartilhar o gozo dos bens que lhes são comuns. Isso que se acaba de dizer vale mais ainda para os Estados, cujos membros, em sua maioria, não têm relações de amizade ou de amor. Onde falta o amor, a Justiça tem de intervir, para que os homens possam unir-se em Estados, e assim viver de modo pacífico e harmonioso uns com os outros, agindo e trabalhando juntos por um propósito comum.

Aristóteles sabia que há diversos tipos diferentes de amizade. Desses, achava que só um era a amizade perfeita – aquela que existe entre pessoas que se amam e que só desejam beneficiar-se mutuamente.

Aristóteles também sabia que essas amizades são raras. Com maior frequência, dizemos que outra pessoa é amiga porque ela nos é útil ou porque nos proporciona algum prazer. Essas amizades são egoístas. A pessoa que chamamos de amiga atende algum interesse nosso, e nós a consideramos amiga só enquanto isso durar. Por outro lado, a verdadeira amizade ou amor não é egoísta. É benevolente. Ela almeja servir ao bem do outro.

A Justiça, assim como o amor, volta-se para o bem da outra pessoa. Contudo, há uma clara diferença entre os dois. Quem quer que saiba o que é o amor sabe que um indivíduo nunca pode dizer a outro: "Tenho o direito de ser amado. Você deveria me amar".

Quando amamos verdadeiramente alguém, não damos à pessoa amada aquilo que ela tem o direito de nos pedir. Pelo contrário, damos a ela o que temos, generosa e desinteressadamente, sem nem pensar nos direitos dela. Fazemos por ela mais do que ela tem o direito de esperar.

Às vezes até amamos pessoas que não nos amam. Não estabelecemos que elas nos amarem é uma condição para nosso amor. Mas quando agimos de modo justo para com outros, dando-lhes aquilo que têm direito de esperar, somos egoístas na medida em que esperamos que eles nos tratem com justiça. Nesse sentido, dizer que devemos agir com os outros do modo como esperamos que eles ajam conosco é egoísta.

*

O que os outros têm o direito de esperar de nós? Que cumpramos as promessas que lhes fazemos. Que digamos a verdade sempre que dizer uma mentira vá prejudicá-los de algum modo. Que devolvamos qualquer coisa que pegamos emprestada e que tenhamos prometido devolver. Que paguemo-lhes nossas dívidas. Que não façamos mal à sua saúde, nem machuquemos seus corpos, nem os matemos. Que não interfiramos em sua liberdade de ação quando seus atos não nos prejudicam sob nenhum aspecto. Que não digamos falsidades que firam sua reputação ou que lhes deem má fama.

Todas essas coisas, e muitas outras semelhantes, podem ser resumidas dizendo que os outros têm o direito de esperar de nós que não façamos nada que possa impedir ou obstruir sua busca da felicidade – nada que possa perturbar ou dificultar sua obtenção ou posse dos verdadeiros bens de que necessitam para proporcionar uma boa vida a si mesmos. É a necessidade que têm desses verdadeiros bens que lhes dá um direito a eles, e é esse direito a eles que somos obrigados a respeitar – se nós mesmos formos justos.

Pode ser que nem sempre sejamos justos, ao menos não perfeitamente justos. Algumas pessoas são o extremo oposto de justas. Em vez de ter o hábito de respeitar os direitos das outras, habitualmente inclinam-se na direção oposta: buscam as coisas que querem para si próprias, mesmo que para isso tenham de passar por cima dos direitos dos outros.

É por isso que se estabelecem leis para prescrever o que os membros de um Estado podem ou não podem fazer para lidar uns com os outros com justiça.

Se todos tivessem o hábito de ser justos em seus tratos uns com os outros, não haveria necessidade dessas leis, nem de sua aplicação pelo Estado. Mas como poucos indivíduos são perfeitamente justos, e como alguns são por hábito inclinados a ser injustos, leis que prescrevem a conduta justa têm de ser aplicadas pelo Estado, a fim de impedir que um indivíduo vá prejudicar outro seriamente ao violar seus direitos.

*

Será que os outros têm o direito de esperar que ajamos de modo positivo para ajudá-los em sua busca da felicidade? Não atrapalhar, impedir ou obstruir seus esforços para obter os verdadeiros bens de que necessitam é uma coisa. Ajudá-los a obter esses bens é outra. Será que eles têm o direito de pedir nossa ajuda?

De acordo com o entendimento de Aristóteles da diferença entre amor e justiça, a resposta é não. É a generosidade do amor, não as obrigações da justiça, o que impele um indivíduo a ajudar outro a obter ou a possuir os verdadeiros bens necessários para uma boa vida. É por isso que as leis aplicadas pelo Estado não exigem que os indivíduos ajudem-se mutuamente, realizando ações positivas que promovam a busca da felicidade dos outros.

O Estado, todavia, estabelece e aplica leis que exigem que o indivíduo aja de modo positivo para o bem-estar da comunidade como um todo. O bem-estar da comunidade afeta a busca da felicidade por seus membros. Uma boa sociedade, uma sociedade em que o bem comum das pessoas é atendido e promovido, contribui para a vida boa de seus indivíduos. Aristóteles diz diretamente que o fim que o bom Estado deve servir é a felicidade dos indivíduos que o compõem. Cabe-lhe promover sua busca da felicidade.

Quando, portanto, como indivíduos, obedecemos a leis que nos orientam a agir considerando o bem-estar da comunidade como um todo, estamos indiretamente ajudando a promover a busca da felicidade dos nossos companheiros seres humanos. Aquilo que fazemos diretamente por alguns outros, por causa de nosso amor por eles, fazemos indiretamente por todo o resto ao obedecer a leis que exigem que ajamos considerando o bem-estar da comunidade em que eles, assim como nós, vivem.

15
O QUE TEMOS O DIREITO DE ESPERAR DOS OUTROS E DO ESTADO

Ama teu próximo como a ti mesmo!
Aja com os outros como gostaria que agissem com você!

Essas duas máximas conhecidas relacionam você aos outros. As duas parecem fazer de você o pivô de sua ação relacionada aos outros. Ame a si mesmo e ame seu próximo da mesma maneira e até, talvez, na mesma medida em que você ama a si mesmo. Pense em como você deseja que os outros ajam em relação a você e aja da mesma maneira em relação a eles.

Parece que invertemos essa ordem, considerando primeiro, no capítulo anterior, aquilo que os outros têm o direito de esperar de nós, e agora, neste capítulo, aquilo que temos o direito de esperar dos outros. Seria mais exato dizer que nos elevamos acima de uma ordem que nos coloca em primeiro lugar e os outros em segundo.

Direitos são direitos. Se qualquer ser humano os têm, por ter necessidades que compartilha em comum com todos os demais seres humanos, então todos os demais também têm os mesmos direitos. Não faz diferença se você pensa primeiro nos seus próprios direitos e depois nos direitos dos outros.

Há, porém, um sentido em que você vem primeiro. Você vem primeiro na ordem do pensamento a respeito daquilo que deve fazer. O fim último que deveria determinar todo o seu pensamento prático, todas as suas escolhas, e toda a sua ação é uma vida boa para si próprio. Você tem a obrigação de viver tão bem quanto humanamente possível – a obrigação de obter e de possuir, no curso de uma vida, todas as coisas que são verdadeiramente boas para você.

A Justiça, como vimos, não exige que você promova, por meio de ações positivas, a felicidade alheia, não do modo como você está obrigado a buscar a sua própria por causa do amor que tem por si mesmo. A Justiça apenas exige que você não impeça nem frustre a busca da felicidade alheia. Se você for além disso para ajudá-los em sua busca, você faz isso porque os ama como ama a si mesmo.

Seus direitos e os direitos dos outros, que dizem respeito à Justiça, baseiam-se nas coisas que são verdadeiramente boas para todos os seres humanos porque atendem necessidades intrínsecas da natureza humana. Pensar a respeito do que é bom, e sobretudo a respeito do que é verdadeiramente bom, tem de preceder o pensar a respeito dos direitos. Por exemplo, se você não pensasse que ter uma certa quantidade de riqueza, que ter um grau satisfatório de saúde, e que ter liberdade são coisas realmente boas para você, não seria levado a dizer que todos têm direito a elas, não apenas enquanto meios de vida, mas também enquanto meios de vida boa.

Aquilo que você tem o direito de esperar dos outros é, portanto, idêntico àquilo que eles têm o direito de esperar de você. Os direitos são os mesmos porque os direitos de todos são iguais e porque aquilo que é verdadeiramente bom para você é verdadeiramente bom para todos os demais seres humanos. E é assim porque todos nós somos humanos, todos nós temos a mesma natureza humana, à qual são inerentes as mesmas necessidades fundamentais que pedem para ser atendidas.

Entre essas necessidades está a necessidade de viver associado a outros seres humanos. Não somos o tipo de animal que pode viver sozinho. Como vimos, as sociedades humanas – as famílias, as tribos e o Estado – surgiram para atender essa necessidade. Mas elas também nos ajudam a atender outras necessidades – nossa necessidade de bens de que a preservação da vida depende, e nossa necessidade de bens superiores, de que a vida boa depende.

Ainda que a sociedade seja boa em si mesma porque precisamos viver associados a outros seres humanos, uma sociedade particular pode não ser boa se o modo como ela está organizada ou o modo como ela opera não ajuda ou efetivamente atrapalha os indivíduos que são seus membros em seus esforços para adquirir e possuir as coisas que são verdadeiramente boas para eles.

Por exemplo, uma família não é boa se não dá a seus filhos a liberdade a que têm direito, se não cuida de sua saúde, se não os ajuda a crescer como deveriam. Isso não significa que a família em si seja uma coisa ruim, porque as crianças pequenas não são capazes de preservar suas próprias vidas e de crescer sem famílias. Isso significa apenas que uma família particular não é boa porque não faz por seus filhos aquilo que eles têm o direito de esperar dela.

*

Em sua preocupação com aquilo que é bom e mau, Aristóteles está pensando nas sociedades boas e más, e também nos seres humanos bons e maus, e em suas vidas boas e más. Aquilo que já se disse sobre a sociedade em si ser boa é, para ele, uma mera observação de senso comum. Não podemos nos tolerar se não vivemos em sociedade.

Começando por aí, Aristóteles considera aquilo que torna uma sociedade boa, ou uma sociedade melhor do que outra. E assim como sua questão definitiva sobre a vida humana diz respeito à melhor vida que cada um de nós pode viver, também sua questão definitiva sobre a sociedade diz respeito à melhor sociedade em que podemos viver e buscar a felicidade.

Como Aristóteles acha que, de todas as sociedades humanas, o Estado ou sociedade política é quem melhor nos permite viver a vida boa ou civilizada, vamos nos concentrar em suas respostas às perguntas sobre o bom Estado e sobre o melhor Estado.

Parece-lhe óbvio que um bom Estado é um Estado bem governado. Para Aristóteles, isso é tão óbvio quanto dizer que uma vida boa é uma vida bem vivida. Para ele, não pode haver Estado sem governo. Os seres humanos não podem viver juntos em paz e em harmonia na ausência de um governo.

Isso poderia não ser verdade se todos os seres humanos fossem amigos e se amassem uns aos outros. Também poderia não ser verdade se todos os seres humanos fossem perfeitamente justos, de modo que não houvesse necessidade de aplicar leis justas que impedissem um indivíduo de prejudicar outro. Mas Aristóteles aprendera com a experiência comum que os seres humanos não estão todos unidos pelo amor ou pela amizade, que a maior parte dos seres humanos não é perfeitamente justa, e que alguns são deveras injustos em seu egoísmo.

Por isso seu bom senso o levou a concluir que o governo é necessário para a existência de um Estado ou de uma sociedade política.

Por ser necessário, o governo é bom em si, assim como a sociedade, por ser necessária, é boa. Porém, como vimos, uma sociedade particular pode ser má, ou não tão boa quanto poderia ser.

Alguns, que não dispõem do bom senso de Aristóteles, já disseram que o governo é absolutamente desnecessário. Eles não enxergam que os seres humanos – sendo como são, não como gostaríamos que eles fossem – não podem viver juntos em paz e agir juntos para um propósito comum sem viver sob um governo que tenha o poder de aplicar leis e de tomar decisões. Não se trata apenas de prender criminosos. Para que um certo número de indivíduos aja em comum para um propósito comum, é preciso que haja algum aparato que tome as decisões exigidas por suas ações em conjunto.

Também já se disse que, ainda que o governo seja necessário, ele é um mal necessário, porque envolve o uso de força coercitiva (a força usada na aplicação das leis) e porque envolve limitações à liberdade do indivíduo. Aqueles que dizem isso não compreendem argumentos muito importantes de Aristóteles a respeito da aplicação das leis e da limitação da liberdade dos indivíduos numa sociedade.

Segundo Aristóteles, o homem bom – o homem virtuoso que é justo – obedece às leis justas porque é virtuoso, não porque teme a punição que poderia advir da violação da lei ou da perturbação da paz. Ele obedece às leis e mantém a paz voluntariamente, não porque é coagido pelos agentes da lei. Ele não é coagido pelo governo, e por isso o governo não é, para ele, um mal, como o é para o homem mau.

O homem bom também não sente que sua liberdade é limitada pelo governo. Ele não quer mais liberdade do que consegue usar sem prejudicar os outros. Só o homem mau quer mais liberdade do que isso, e portanto só ele sente que sua liberdade de fazer o que quiser, sem preocupar-se com os outros, é limitada pelo governo.

*

O fato de o governo em si ser necessário e bom não torna todas as formas de governo boas, ou tão boas quanto poderiam ser. Para Aristóteles, a linha que divide as formas de governo boas das más é determinada pelas respostas às perguntas que se seguem.

Primeira, o governo serve ao bem comum das pessoas governadas, ou serve aos interesses egoístas daqueles que detêm o poder de governar? O governo que serve ao interesse dos governantes é tirânico. Só o governo que promove a vida boa dos governados é bom.

Segunda, o governo se baseia meramente no poder à disposição dos governantes, ou se baseia em leis que foram feitas de uma maneira com a qual os governados concordaram, e em cuja formulação tomaram parte? O governo que se baseia apenas na força, esteja ela nas mãos de um só homem ou nas de mais de um, é despótico, mesmo quando é benevolente ou bem-disposto, e não tirânico. Para ser bom, o governo tem de ter uma autoridade reconhecida e aceita pelos governados, não o mero poder ou força ao qual eles se submetem por medo.

Aristóteles chamou o governo que é bom sob esses aspectos de governo constitucional ou governo político. Ao chamar esse governo de político, ele queria sugerir que essa é a única forma de governo que é adequada para Estados ou sociedades políticas.

Isso nos leva à terceira questão. Ela se aplica ao governo que não é nem tirânico nem despótico, mas constitucional – um governo baseado em leis, no qual até aqueles que governam são regidos por leis. Sobre esse governo, cabe perguntar: será que a constituição – a lei fundamental em que o próprio governo se baseia – é justa? E será que as leis feitas por esse governo são justas?

Qualquer governo que *não* seja tirânico é bom *sob esse aspecto*. Entre os governos não tirânicos, um governo constitucional é melhor do que um governo despótico. E, entre os governos constitucionais, o melhor é o que tem uma constituição justa e leis justas.

Ao fazer o elogio do governo constitucional, Aristóteles diz que esse é o governo dos homens livres e iguais. Ele também diz que essa é a forma de governo na qual os cidadãos governam e são governados por si próprios.

Aqueles que são governados por um déspota são súditos, não cidadãos com alguma voz em seu próprio governo. Aqueles que são governados por um tirano não estão em situação melhor do que os escravos. Em ambos os casos, são governados como inferiores, não como iguais. Somente aqueles que, por serem cidadãos, são governados por outros cidadãos que foram escolhidos para ter um cargo público por algum tempo são governados como iguais, e como os homens livres devem ser governados.

*

Nesse ponto de seu raciocínio, Aristóteles cometeu um erro grave. Por viver numa época e numa sociedade em que alguns seres humanos nasciam escravos e eram tratados como escravos, e numa sociedade em que as mulheres eram tratadas como seres inferiores, ele cometeu o erro de achar que muitos seres humanos tinham naturezas inferiores. Ele não percebeu que aqueles que pareciam inferiores tinham essa aparência por causa da maneira como eram tratados, não porque seus dons inatos fossem inadequados.

Por cometer esse erro, ele dividiu os seres humanos em dois grupos. De um lado, colocou aqueles que podiam ser governados como cidadãos – livres e iguais, com voz em seu próprio governo. De outro, colocou aqueles que só podiam ser governados despoticamente, seja como súditos, seja como escravos – sem voz em seu próprio governo, portanto, nem livres nem iguais.

Vivemos numa época e numa sociedade em que não se pode aceitar que ninguém cometa o erro de Aristóteles. Corrigindo seu erro, somos levados à conclusão de que todos os seres humanos devem ser governados como cidadãos com voz no próprio governo, portanto, devem ser governados como livres e iguais. As únicas exceções para esse *todos* universalmente inclusivo são aqueles que ainda estão na infância e os incapacitados mentalmente.

Tendo chegado à conclusão que se acaba de enunciar, também vemos que o governo constitucional só é justo se sua constituição dá a todos os seres humanos o mesmo *status* de cidadãos sem discriminá-los por sexo, raça, credo, cor ou riqueza. Assim, ele também lhes dá a liberdade a que têm direito, a liberdade de serem governados como cidadãos, não como escravos ou súditos.

Um ser humano não é mais nem menos humano do que outro, ainda que um possa ser superior ou inferior a outro em muitos outros aspectos, como resultado de diferenças em dons inatos ou em qualidades adquiridas. Essas desigualdades certamente devem ser consideradas na seleção de alguns seres humanos para o exercício de cargos públicos, mas devem ser totalmente desconsideradas no estabelecimento das qualificações para a cidadania.

Todos os seres humanos são iguais como humanos. Sendo iguais como humanos, são iguais nos direitos que nascem das necessidades intrínsecas à sua natureza humana comum. Uma constituição não é justa se não trata igualmente os iguais, e se não reconhece o direito igual de todos à liberdade – o direito de serem governados como seres humanos devem ser governados, como cidadãos, não como escravos ou súditos.

*

Chegamos a uma resposta para a questão sobre aquilo que temos o direito de esperar do Estado em que vivemos e do governo sob o qual vivemos. Temos o direito de ser governados como cidadãos por um governo ao qual demos nosso consentimento e que nos permite ter voz nesse governo.

Será que isso é tudo o que temos o direito de esperar? Ainda que tenha cometido o erro de pensar que só alguns seres humanos tinham o direito de ser governados como cidadãos, Aristóteles achava que esses seres humanos tinham o direito de esperar mais do Estado em que vivem. O melhor Estado, na opinião dele, era aquele que fazia tudo o que podia para promover a busca da felicidade por seus cidadãos. Isso continua verdadeiro, independentemente de todos ou apenas alguns seres humanos deverem ser cidadãos.

O que pode um Estado fazer para promover a busca da felicidade por seus cidadãos? Pode ajudá-los a obter e a possuir todos os bens reais de que precisam e a que têm direito. Para entender isso, temos de lembrar algo que dissemos no capítulo anterior.

De todos os verdadeiros bens que precisamos possuir para viver bem, a obtenção e a posse de alguns estão mais sob nosso poder do que a obtenção e a posse de outros. Alguns, como a virtude moral e o conhecimento, dependem amplamente das escolhas que fazemos. Alguns, como a riqueza e a saúde, dependem consideravelmente de termos boa sorte ou de termos sido abençoados pela boa fortuna.

As principais maneiras de um bom Estado e de um bom governo ajudarem seus indivíduos em sua busca da felicidade é fazer aquilo que podem para superar as privações sofridas por causa do azar ou da má fortuna, e não por causa de sua má conduta. Ele deveria fazer por eles aquilo que eles, por sua própria decisão e esforço, não podem fazer por si próprios. O melhor Estado e o melhor governo são aqueles que fazem o máximo nesse sentido.

A única coisa que nenhum Estado ou governo pode fazer, não importa quão bom ele seja, é tornar seus cidadãos moralmente virtuosos. A aquisição de virtudes morais depende quase integralmente das escolhas feitas por cada um deles. Assim, o melhor Estado e o melhor governo só podem dar a seus cidadãos as condições externas que lhes permitem tentar viver bem e que os incentivam a fazê-lo. Ele não pode garantir que, dadas essas condições, todos terão sucesso. Seu sucesso ou seu fracasso depende, em última instância, do uso que fizerem das boas condições em que vivem suas vidas.

Parte IV

O Homem como Conhecedor

16
O QUE ENTRA NA MENTE E O QUE SAI DELA

Os capítulos anteriores discutiram o pensar e o conhecer, mas não a mente que pensa e que conhece.

Na Parte II, consideramos o pensamento produtivo – o tipo de pensamento relacionado a fazer coisas. Nela, também consideramos o tipo de pensamento necessário para o fazer – o tipo que chamamos de capacidade ou de saber prático.

Na Parte III, examinamos o pensamento prático e o conhecimento prático – o pensamento sobre os meios e sobre os fins da ação humana e o conhecimento daquilo que é bom e mau para buscarmos, ou do que é certo e do que é errado para fazer ao conduzirmos nossa vida.

Agora, na Parte IV, vamos tratar do pensamento teórico, o pensamento voltado para o conhecimento, não para a produção ou para a ação. E vamos discutir o conhecimento em si – o conhecimento de como as coisas são, e também daquilo que devemos ou não devemos fazer. Aqui, pela primeira vez vamos tratar daquilo que sabemos sobre a mente que pensa e que conhece.

A linguagem desempenha um grande papel no pensamento e no conhecimento humanos. Segundo Aristóteles, as palavras que usamos expressam as ideias com que pensamos. As sentenças declarativas que enunciamos ou as asserções que fazemos expressam opiniões que afirmamos ou que negamos – opiniões que podem ser verdadeiras ou falsas.

Quando uma asserção que fazemos é verdadeira, ela expressa conhecimento. Se é falsa, cometemos um erro. Não podemos estar errados quanto a algo e ter conhecimento desse algo simultaneamente. As opiniões podem ser verdadeiras ou falsas, corretas ou errôneas, mas o conhecimento incorreto, errôneo ou falso é tão impossível quanto um círculo quadrado.

De onde vêm as ideias com que pensamos? Para Aristóteles, parecia óbvio que não nascemos com elas em nossas mentes – elas são, de algum modo, produtos da nossa experiência. É por isso que sua explicação do pensamento e do conhecimento humanos volta-se primeiro para os sentidos e para a experiência que resulta do funcionamento de nossos sentidos.

*

Os sentidos são as janelas ou as portas da mente. Tudo que chega à mente do mundo exterior entra nela pelos sentidos. O que entra nela podem ser palavras ou sentenças ditas por outros seres humanos. Como todos sabem, aprendemos muito desse modo, certamente a partir do momento em que nossa vida escolar se inicia. Mas o aprendizado não começa com a escola. Nem tudo o que aprendemos, mesmo após a escola, envolve asserções feitas por outras pessoas. Considerando a raça humana como um todo, e também as crianças humanas de todas as gerações, o aprendizado começa com a experiência sensível, antes que aqueles que aprendem usem palavras para expressar o que aprenderam.

Na época de Aristóteles, geralmente se pensava que temos cinco sentidos externos – a visão, a audição, o tato, o olfato e o paladar. A razão de Aristóteles tê-los chamado de sentidos externos é que cada um deles está relacionado a um órgão de sentido na superfície de nossos corpos, sobre o qual o mundo exterior age; a visão resulta da ação de coisas fora de nós sobre nossos olhos; a audição, de atos exteriores sobre nossos ouvidos; o tato, de atos exteriores sobre nossa pele; o cheiro, de atos exteriores sobre o nosso nariz; e o paladar, de atos exteriores sobre nossa língua e nossa boca.

A moderna pesquisa científica descobriu que temos mais do que cinco sentidos e órgãos de sentido; por exemplo, os órgãos de sentido com os quais percebemos o movimento de nossos braços e pernas ou a posição de nossos corpos. Mas o número exato de sentidos e de órgãos de sentidos não afeta a explicação dada por Aristóteles para a contribuição dos sentidos e da experiência sensível para nossos pensamento e conhecimento.

Cada um dos sentidos produz sensações somente quando o órgão sensível sofre a ação física de algo no mundo exterior. Os sentidos são receptores passivos que têm de ser ativados de fora. Cada um dos nossos órgãos de sentidos é um receptor altamente especializado. Não podemos sentir nem o gosto nem o cheiro das coisas com nossos olhos; não podemos ouvir nem ver com nossa língua e nariz. Percebemos as cores com os olhos, os sons com os ouvidos, os cheiros com o nariz etc.

Podemos perceber certos aspectos do mundo à nossa volta de mais de um jeito. Podemos ver o tamanho e o formato dos corpos, e também senti-los pelo tato. Conseguimos ver e ouvir o movimento dos corpos de um lugar para outro, e conseguimos até dizer se esse movimento é lento ou rápido.

As sensações dos diversos tipos que acabamos de mencionar são as matérias-primas de que nossa experiência sensível é formada. Ainda que essas matérias-primas cheguem separadamente de fora, pelos canais dos diversos órgãos de sentido, elas não permanecem separadas, ou isoladas umas das outras, em nossa experiência sensível. O mundo que experienciamos por meio dos sentidos é um mundo de corpos de diversos tamanhos e formatos, em movimento e em repouso, e relacionados uns com os outros no espaço de diversas maneiras. Nossa experiência desse mundo de corpos também inclui uma vasta gama de qualidades — as cores que os corpos têm, os sons que fazem, a aspereza ou a suavidade de suas superfícies, e daí por diante.

Segundo Aristóteles, nossa experiência sensível é produto de nossa percepção. As sensações que recebemos passivamente por meio de nossos órgãos sensoriais são apenas as matérias-primas que de algum modo juntamos para formar o tecido inconsútil de nossa experiência sensível. Ao juntá-las, somos mais ativos que passivos.

A sensação é uma informação que vem do exterior. Mas a experiência sensível que nasce de nossa percepção desse mundo exterior envolve nossa memória e nossa imaginação. Ela é composta de muitos elementos, e todos têm sua origem naquilo que nossos vários sentidos recebem, mas são transformados pelo modo como são juntados para compor o todo que é o mundo que percebemos.

*

Se descrevermos em palavras qualquer experiência de percepção comum, veremos imediatamente que ela é muito mais do que as matérias-primas da sensação. Por exemplo, você percebe um cachorro preto que late e persegue um gato amarelo tigrado na rua, e o gato corre na frente de um carro azul que freia subitamente, cantando o pneu. Nessa descrição de uma experiência sensível, apenas algumas palavras nomeiam qualidades visíveis ou auditivas sentidas pelo olho e pelo ouvido – as cores e os sons. Um cão e um gato, um carro e uma rua, perseguir, correr e subitamente parar – todas essas coisas percebidas envolvem mais do que sensações recebidas do exterior.

Quando você percebe um objeto que chama de cão ou de gato, ou quando percebe ações que chama de perseguir ou de correr, sua memória e sua imaginação participam, especialmente se o cachorro percebido lhe for estranho, e o gato for conhecido, já visto por aí. Além disso, sua compreensão também participa. Você tem alguma compreensão de que tipo de animal é um gato, um tipo diferente do cachorro. Você tem alguma compreensão de como são os tigres, como indica a sua percepção de que o gato tem o pelo tigrado. Você compreende a diferença entre andar e correr, entre ir rápido e diminuir a velocidade. Se você não entendesse tudo isso, não poderia ter tido a experiência de percepção que foi descrita.

Segundo Aristóteles, essas várias compreensões que temos resultam da atividade da nossa mente, não da atividade dos nossos sentidos. Nossa mente forma ideias de cães e de gatos, de correr e de perseguir. As ideias se baseiam nas informações que nossos sentidos recebem do mundo exterior. De acordo com Aristóteles, elas são o produto da atividade da mente em seu esforço de compreender o mundo que experienciamos por meio dos sentidos.

Assim como podemos sentir coisas porque elas podem ser sentidas, compreendemos coisas porque elas podem ser compreendidas. Se o cão que late e o carro que canta pneu não fossem visíveis nem audíveis, não poderíamos vê-los nem ouvi-los. De modo análogo, se o cão e o gato não pudessem ser compreendidos como tipos diferentes de coisas, não poderíamos compreender que eles têm naturezas diferentes. Para Aristóteles, apreendemos as naturezas dos cães e dos gatos por meio de nossa ideia ou compreensão daquilo que é um cão ou um gato, assim como apreendemos a pretidão do cachorro ou a azulidade do automóvel por meio das sensações visuais recebidas por nossos olhos.

Quando um carpinteiro começa a fazer uma cadeira, ele tem de ter em mente uma ideia da cadeira que quer fazer. Ele não apenas tem de ter uma ideia das cadeiras em geral, como também a ideia mais definida da cadeira particular que deseja fazer. Ao trabalhar com essas ideias e com a matéria-prima dos pedaços de madeira, o carpinteiro formata esses pedaços e os junta de tal modo que eles assumem a forma da cadeira. A ideia na mente do trabalhador produtivo tornou-se a forma do material em que ele trabalha.

A matéria viva que tem uma certa forma é um cão. A matéria viva que tem uma forma diferente é um gato. Quando as crianças aprendem a distinguir entre cães e gatos e a reconhecer cada um deles, sua percepção dos cães e dos gatos envolve alguma compreensão da natureza particular de cada um desses dois tipos de animais. Essa compreensão consiste em ter uma ideia daquilo que é um cão e uma ideia daquilo que é um gato.

*

Para Aristóteles, ter a ideia de um gato equivale a ter na mente a forma que é comum a todos os gatos e que faz que cada gato seja o tipo de animal que é. Isso o leva a dizer que, assim como a mão é a ferramenta das ferramentas (o instrumento com o qual usamos outros instrumentos), também a mente é a forma das formas. Outra maneira de dizer a mesma coisa é descrever a mente como o lugar em que as formas que estão nas coisas se tornam nossas ideias delas.

A mente forma ideias tomando as formas das coisas e separando-as da matéria das coisas. Produzir ideias é o exato oposto de produzir coisas. Ao produzir coisas, colocamos as ideias que temos em nossas mentes nas coisas ao transformar a matéria de acordo com nossas ideias. Ao produzir ideias, nossas mentes tomam as formas das coisas e as transformam em ideias pelas quais compreendemos a natureza das coisas que têm essa ou aquela forma.

Obter ou produzir ideias também pode ser contrastado com comer coisas. Quando comemos uma maçã, colocamos tanto sua forma quanto sua matéria em nosso corpo. A forma sem a matéria não nos nutriria. A matéria sem a forma não seria uma maçã. Mas, quando obtemos a ideia de uma maçã, tiramos a forma da matéria da maçã. A ação de nossa mente ao fazer isso transforma a forma da maçã numa ideia do tipo de fruta que é uma maçã.

As ideias ou compreensões mencionadas até agora são ideias ou compreensões de objetos que percebemos. São os tipos de objetos que estão presentes em nossa experiência sensível. São também os tipos de objetos de que conseguimos lembrar quando esses estão ausentes. São até os tipos de objetos que conseguimos imaginar, como poderíamos imaginar um cão ou um gato que nunca percebemos, ou sonhar com um cão ou com um gato de figura ou cor estranha.

Mas quando a mente começa a produzir ideias a partir da experiência sensível, ela não para nas ideias que nos permitem compreender os objetos que percebemos, recordamos e imaginamos. Somos capazes de compreender muitos objetos de pensamento que não conseguimos perceber sensivelmente, como o bem e o mal, o certo e o errado, a liberdade e a justiça. Não poderíamos ter discutido esses objetos em capítulos anteriores deste livro se não os compreendêssemos – se não tivéssemos formado ideias deles.

*

O pensamento começa com a formação de ideias a partir das informações recebidas pelos sentidos. As sensações são os dados que a mente recebe do mundo exterior. As ideias são os dados que a mente produz como resultado daquilo que recebe.

O pensamento vai mais longe. Ele relaciona as ideias que produz. Ele as junta, as separa e as confronta. Por meio dessas outras atividades do pensamento, a mente produz conhecimento, não apenas conhecimento a respeito de objetos que percebemos, recordamos ou imaginamos, mas também conhecimento a respeito de objetos que não fazem parte de nossa experiência sensível. A aritmética, a álgebra e a geometria são bons exemplos desse tipo de conhecimento.

Uma sensação não é verdadeira nem falsa. Você simplesmente a tem, como quando percebe a pretidão do cachorro ou a azulidade do carro. Mesmo quando seus sentidos o enganam, o que fazem com frequência, a sensação em si não é nem verdadeira nem falsa. O cachorro, por exemplo, poderia estar na sombra. À luz do sol, você o teria percebido como cinza, não como preto. O fato de você percebê-lo como preto quando está na sombra não é falso; mas se, a partir só dessa informação, você *pensa* que ele *é* preto, você pode estar errado. O erro está em seu pensamento, não na sua percepção sensível.

Todo substantivo comum e quase todo adjetivo e verbo em nossa língua nomeiam um objeto de pensamento – um objeto no qual podemos pensar porque formamos uma ideia dele. Nem todos os objetos em que conseguimos pensar são objetos que também conseguimos perceber sensivelmente, recordar ou imaginar. Os cães e os gatos, por exemplo, são objetos que somos capazes de perceber, mas também somos capazes de pensar neles quando não há cães nem gatos à nossa volta para serem percebidos por nossos sentidos. Além disso, somos capazes de pensar nas mínimas partículas de matéria dentro do átomo, ainda que nossos sentidos não sejam capazes de perceber nada tão pequeno, nem com a ajuda do mais potente microscópio.

Assim como as sensações, as ideias não são verdadeiras nem falsas. Se você e eu estivéssemos conversando, e eu dissesse apenas a palavra "cão", ou apenas a palavra "gato", você não seria capaz de responder dizendo sim ou não. Vamos supor momentaneamente que você e eu tenhamos a mesma compreensão dessas palavras. Elas significam para mim a mesma coisa que significam para você, porque para nós dois elas expressam as mesmas ideias. Quando eu disse "cão", você e eu pensamos no mesmo objeto. O mesmo sucedeu quando eu disse "gato".

Suponha agora que ao dizer "gato" eu tenha mexido a cabeça ou apontado na direção de um animal no recinto que tenha começado a latir naquele momento. Imediatamente você teria dito: "Não, isso não é um gato, isso é um cão". O fato de eu ter pronunciado a palavra "gato" enquanto mexia a cabeça ou apontava o animal que nós dois percebíamos poderia ter sido expressado numa frase: "Aquele animal ali é um gato". O fato de você ter dito que não também poderia ter sido expressado pela frase "Se você acha que aquele animal é um gato, você está errado. A afirmação que você acaba de fazer é falsa".

Não é possível que estejamos errados simplesmente ao pensar em cães ou em gatos, assim como não é possível que estejamos errados simplesmente quando percebemos o cão nas sombras como preto e não como cinza. É somente quando fazemos uma asserção como "Aquele cão *é* preto" que surge a questão de se aquilo que dizemos ou pensamos é verdadeiro ou falso. A palavra "é" tem de entrar em nosso pensamento, e com ela entra outra palavra, "não". Quando "é" e "não é" entram em nosso pensamento, passamos do nível de apenas ter ideias para o nível de combiná-las e de separá-las. Então chegamos ao nível em que estamos formando opiniões que podem ser verdadeiras ou falsas.

Há outras palavras, como "e", "se" e "então", "já que" e "logo", "ou", "não simultaneamente", que entram em nosso pensamento num nível ainda mais elevado de pensamento. Esse é o nível em que fazer uma asserção nos leva a afirmar outra ou a rejeitar outra por ser falsa.

*

Aristóteles distingue entre esses três níveis de pensamento em sua explicação de como a mente opera ao produzir conhecimento. A partir das matérias-primas da experiência sensível, a mente forma ideias. As ideias, por sua vez, são as matérias-primas a partir das quais a mente forma juízos nos quais alguma coisa é afirmada ou negada. Assim como as ideias únicas são expressadas na linguagem por palavras ou expressões únicas, os julgamentos são expressados por sentenças – sentenças declarativas em que aparecem as palavras "é" ou "não é".

O terceiro nível é chamado por Aristóteles de raciocínio ou de inferência. Somente quando uma asserção se torna a base para afirmar ou negar outra asserção é que a mente ascende ao terceiro nível de pensamento. Nesse nível, o pensamento envolve dar razões para aquilo que pensamos. Nesse nível, aquilo que pensamos pode não ser apenas verdadeiro ou falso, pode ser também lógico ou ilógico.

Aristóteles era um grande lógico. Ele fundou a ciência da lógica. Escreveu o primeiro livro sobre o assunto, um livro que foi considerado referência por muitos séculos e que ainda exerce considerável influência. No próximo capítulo, consideraremos algumas de suas regras básicas para conduzir o pensamento de maneira lógica.

Ainda que o pensamento lógico seja melhor do que o ilógico, nem sempre ele chega a conclusões verdadeiras. Aristóteles observou que para a mente é possível manter opiniões que são verdadeiras sem ter chegado a elas de maneira lógica e que também é possível que o pensamento lógico chegue a conclusões falsas. Por isso, após dar alguma atenção àquilo que faz com que o pensamento seja lógico ou ilógico, teremos de considerar o que torna o pensamento verdadeiro ou falso.

17
OS TERMOS PECULIARES DA LÓGICA

Assim como o nome de Newton está associado à lei da gravidade, o nome de Aristóteles está associado à lei da contradição. Assim como o nome de Einstein está para a teoria da relatividade, o de Aristóteles está para a teoria do silogismo. Duas palavras estão no coração da lei da contradição: "é" e "não é". Dois pares de palavras são centrais para a teoria do silogismo – a explicação de Aristóteles para o raciocínio correto ou incorreto. Eles são "se" e "então", "já que" e "logo".

Como regra de pensamento, a lei da contradição nos diz primariamente o que *não* pensar. Trata-se de uma lei *contra* a contradição, uma lei que nos ordena a *evitar* contradizer-nos, seja em nossas palavras, seja em nosso pensamento. Ela nos diz que não devemos responder a uma questão dizendo simultaneamente sim e não. Dito de outro modo, ela nos diz que não devemos afirmar e negar a mesma proposição. Se digo ou penso que Platão *foi* professor de Aristóteles, devo evitar dizer ou pensar que Platão *não foi* professor de Aristóteles. Dizer ou pensar isso seria negar algo que afirmei.

Você pode se perguntar por que essa regra de pensamento é tão básica e tão sólida. A resposta de Aristóteles é que a lei da contradição não é só uma regra de pensamento, mas também uma asserção sobre o próprio mundo – sobre as realidades nas quais tentamos pensar.

A lei da contradição, como asserção sobre a realidade, diz algo que é imediatamente óbvio ao bom senso. Uma coisa – qualquer que seja – não pode existir e não existir simultaneamente. Ou ela existe, ou não existe, mas não no mesmo momento. Uma coisa não pode ter um atributo e não o ter ao mesmo tempo. A maçã na minha mão, para a qual estou olhando, não pode, nesse instante, ter a cor vermelha e não ter a cor vermelha.

Isso é tão incrivelmente óbvio que Aristóteles diz que a lei da contradição é autoevidente. Para ele, sua autoevidência indica que ela é inegável. É impossível pensar que a maçã é simultaneamente vermelha e não vermelha, assim como é impossível pensar que uma parte é maior do que o todo a que pertence. É impossível pensar que uma bola de tênis que você tenha jogado por cima da cerca pode ser encontrada na grama do outro lado e que ela não pode ser encontrada ali porque deixou de existir.

*

A lei da contradição como afirmação sobre a realidade em si subjaz à lei da contradição como regra de pensamento. A lei da contradição como asserção sobre a realidade *descreve* o modo como as coisas são. A lei da contradição como regra de pensamento *prescreve* o modo como devemos pensar a respeito das coisas se queremos que nosso pensamento a respeito delas esteja em conformidade com o modo como as coisas são.

Quando duas asserções são contraditórias, as duas não podem ser verdadeiras, tampouco as duas podem ser falsas. Uma tem de ser verdadeira e a outra falsa. Ou Platão foi professor de Aristóteles ou não foi. Todos os cisnes são brancos, ou alguns não são. Porém, se em vez de dizer que alguns cisnes não são brancos, o que contradiz a asserção de que todos os cisnes são brancos, eu dissesse que nenhum cisne é branco, o resultado não teria sido uma contradição. As pessoas que não conhecem a distinção aristotélica entre asserções contraditórias e asserções contrárias podem ficar surpresas com isso.

É possível que essas duas asserções – "todos os cisnes são brancos" e "nenhum cisne é branco" – sejam falsas, ainda que ambas não possam ser verdadeiras. Alguns cisnes podem ser brancos e outros pretos, e nesse caso é falso dizer que todos os cisnes são brancos ou que nenhum o é. Aristóteles diz que um par de asserções é contrário, não contraditório, quando ambos não podem ser verdadeiro, mas ambos podem ser falsos.

Será que há um par de asserções que possam ser ambas verdadeiras, mas que não possam ser ambas falsas? Sim, de acordo com Aristóteles. A asserção de que alguns cisnes são brancos e a asserção de que alguns cisnes não são brancos podem ser ambas verdadeiras, mas ambas não podem ser falsas. Os cisnes podem ser brancos ou não brancos, e, assim, se apenas alguns são brancos, alguns não devem ser brancos. Aristóteles chama esse par de asserções de subcontrário.

Suponha, porém, que em vez de dizer que alguns cisnes são brancos e que alguns cisnes são não brancos, eu tivesse dito que "alguns cisnes são brancos" e que "alguns cisnes são pretos". Será que esse par de asserções seria subcontrário, que seria impossível que ambos fossem falsos? Não, porque alguns cisnes podem ser cinza, ou verdes, ou amarelos, ou azuis. *Branco* e *preto* não são alternativas exclusivas. Não é verdade que todo objeto visível deve ser branco ou preto.

Sendo assim, propor que "todos os cisnes são pretos" é o contrário de "todos os cisnes são brancos" não vai funcionar, porque pode ser que nenhum deles seja verdadeiro, e que ambos sejam falsos. Para dizer o contrário de "todos os cisnes são brancos" é preciso dizer "nenhum cisne é branco", não "todos os cisnes são pretos".

Diferentemente de "preto" e "branco", alguns pares de termos, que são termos contrários, esgotam as alternativas. Por exemplo, todos os números inteiros são pares ou ímpares. Não há uma terceira possibilidade. Ao usar termos que são alternativas excludentes, é possível formular uma contradição sem usar "é" e "não é". A asserção de que todo número inteiro é um número ímpar é contradita pela asserção de que tal número é um número par, porque, se é ímpar, não é par, e se é par, não é ímpar, tendo de ser um ou outro.

*

Não me é possível exagerar a importância das regras de Aristóteles a respeito das asserções que são mutuamente incompatíveis de um desses três modos – por contradizerem uma à outra, por serem contrárias uma à outra, ou por serem subcontrárias uma à outra. A importância é que observar essas regras não apenas nos ajuda a evitar fazer asserções incoerentes como também a perceber incoerências nas asserções feitas por outras pessoas e a questionar aquilo que dizem.

Quando uma pessoa com quem estamos conversando se contradiz ou faz asserções contrárias, temos todo o direito de interrompê-la e dizer: "Você não pode fazer essas duas asserções. Não é possível que ambas sejam verdadeiras. Qual delas você realmente quer dizer? Qual delas você considera verdadeira?".

É particularmente importante observar que as asserções gerais – as asserções que contêm a palavra "todos" – podem ser contraditas por um único exemplo negativo. Para contradizer a generalização de que todos os cisnes são brancos, basta apontar um único cisne que não seja branco. Esse único exemplo negativo falseia a generalização.

É desse modo que se testam as generalizações científicas. Sua pretensão de ser verdadeiras pode ser mantida enquanto não há exemplos negativos que as falsifiquem. Como a busca por exemplos negativos não tem fim, uma generalização científica nunca pode ser considerada final ou completamente verificada.

Os seres humanos são dados a generalizar, especialmente quando pensam sobre outros seres humanos que são diferentes deles em termos de sexo, de raça ou de religião. Se são homens, se dão o direito de dizer – sem pensar, espera-se – que todas as mulheres são assim ou assado. Se são brancos, se dão o direito de dizer que todos os negros são isso ou aquilo. Se são protestantes, se dão o direito de dizer que todos os católicos são tal ou qual. Em todos esses casos, um exemplo negativo basta para invalidar a generalização; e, quanto mais exemplos negativos houver, mais fácil será mostrar quão inapropriada é a generalização.

O uso de termos contrários, como "preto" e "branco" ou "par" e "ímpar", coloca em cena outro conjunto de palavras que controla nosso pensamento de acordo com certas regras – "ou" e "não simultaneamente". Por exemplo, quando jogamos uma moeda para decidir algo, sabemos que, quando ela cair, será cara ou coroa, não as duas coisas simultaneamente. Essa é uma disjunção forte. Há, porém, disjunções fracas, em que algo pode ser isso ou aquilo, e talvez as duas coisas, mas não sob o mesmo aspecto nem ao mesmo tempo. Dizer que os tomates são vermelhos ou verdes nos permite dizer que o mesmo tomate pode ser tanto vermelho quanto verde, mas em momentos distintos.

As disjunções, e especialmente as disjunções fortes, nos permitem fazer inferências simples e diretas. Se sabemos que um número inteiro não é ímpar, podemos inferir imediatamente que ele deve ser par. De modo análogo, se sabemos que um número inteiro não é primo, podemos inferir imediatamente que ele deve ser divisível por outros números além dele mesmo e de um. Quando vemos que a moeda lançada caiu com a cara para cima, sabemos imediatamente que nós, que apostamos em coroa, perdemos. Não precisamos virar a moeda para ter certeza disso.

Aristóteles chama as inferências desse tipo de inferências imediatas porque se vai imediatamente da veracidade ou da falsidade de uma asserção à veracidade ou à falsidade de outra. Não há passos de raciocínio. Se é sabido que todos os cisnes são brancos, sabe-se imediatamente que alguns cisnes são brancos; e, além disso, sabe-se que ao menos alguns objetos brancos são cisnes.

É possível equivocar-se nesse simples processo de inferência, e isso acontece com frequência. Por exemplo, a partir do fato de que todos os cisnes são brancos, é correto inferir que alguns objetos brancos são cisnes, mas é muito incorreto inferir que todos os objetos brancos são cisnes.

Aristóteles chama essa inferência incorreta de conversão ilícita. A classe dos objetos brancos é maior do que a classe dos cisnes. Os cisnes são apenas alguns dos objetos brancos do mundo. Cometer o erro de pensar que, porque todos os cisnes são brancos, também podemos dizer que todos os objetos brancos são cisnes, é tratar as duas classes como se fossem coextensivas, e não o são.

Há dois pares de palavras que funcionam como operadores na inferência imediata e também no processo mais complexo do raciocínio. São "se" e "então", e "já que" e "logo". Para expressar a correção lógica de uma inferência imediata (a inferência de que alguns cisnes são brancos, a partir do fato de que todos os cisnes são brancos), dizemos: "*Se* todos os cisnes são brancos, *então segue-se necessariamente que* alguns cisnes são brancos". Para expressar a incorreção de uma conversão ilícita, dizemos: "*Se* todos os cisnes são brancos, *então não se segue* que todos os objetos brancos são cisnes".

Esses dois tipos de asserções "se-então" são asserções de inferências corretas e incorretas logicamente. O que é importante observar aqui é que a veracidade dessas asserções "se-então" sobre inferências corretas e incorretas logicamente não depende de jeito nenhum da veracidade das asserções conectadas por "se" e "então".

A asserção de que todos os cisnes são brancos pode ser efetivamente falsa, e ainda seria logicamente correto inferir que alguns cisnes são brancos *se* — mas somente *se* — todos o forem. Mesmo que a asserção de que todos os objetos brancos são cisnes fosse verdadeira, e não falsa, ainda seria logicamente incorreto inferir que todos os objetos brancos são cisnes a partir do fato de que alguns cisnes são brancos.

Já dissemos o bastante sobre o uso de "se" e de "então" — essa última acompanhada pelas palavras "segue-se *necessariamente*" ou "*não* se segue" — para expressar nosso reconhecimento de inferências corretas e incorretas. E quanto a "já que" e "logo"? Quando colocamos "já que" e "logo" no lugar de "se" e "então", estamos efetivamente fazendo a inferência que não fizemos quando falamos apenas "se" e "então".

Para ficar no mesmo exemplo, não fiz de fato nenhuma inferência sobre os cisnes ou sobre os objetos brancos em todas as asserções "se-então" a respeito deles. Não faço efetivamente uma inferência até dizer: "*Já que* todos os cisnes são brancos, *logo* segue-se que alguns cisnes são brancos". Minha asserção de que todos os cisnes são brancos me permite afirmar que alguns cisnes são brancos.

Somente quando faço afirmações desse tipo, ligadas por "já que" e "logo", a veracidade ou a falsidade da minha primeira asserção afeta a veracidade ou a falsidade da segunda. Minha inferência pode ser logicamente correta, mas a conclusão da minha inferência efetiva pode ser efetivamente falsa porque minha asserção inicial, introduzida pela palavra "já que", é de fato falsa. A verdade pode ser que nenhum cisne é branco, e por isso era falso concluir que alguns o são, ainda que fosse logicamente correto fazer isso.

Quando digo "se todos os cisnes são brancos", estou apenas dizendo *se todos são*, não *que todos são*. Mas quando digo "já que todos os cisnes são brancos...", estou dizendo *que todos são*. Se eu estiver certo ao fazer essa asserção, também estarei certo ao dizer que alguns cisnes são brancos.

Aquilo que acabou de ser dito sobre as regras de Aristóteles para a inferência imediata me ajuda a resumir brevemente as regras de raciocínio que constituem sua teoria do silogismo. Eis um modelo de silogismo:

Premissa maior: Todos os animais são mortais.
Premissa menor: Todos os homens são animais.
Conclusão: Todos os homens são mortais.

Consideremos dois exemplos mais de raciocínios silogísticos – de uma premissa maior e outra menor a uma conclusão. Primeiro, um no qual o raciocínio é logicamente válido, mas em que a conclusão é falsa porque a premissa menor é falsa.

Premissa maior: Os anjos não são machos nem fêmeas.
Premissa menor: Alguns homens são anjos.
Conclusão: Alguns homens não são machos nem fêmeas.

E outro no qual uma conclusão verdadeira se segue logicamente de duas premissas verdadeiras.

Premissa maior: Os mamíferos não botam ovos.
Premissa menor: Os seres humanos são mamíferos.
Conclusão: Os seres humanos não botam ovos.

Considerando esses três raciocínios diferentes, podemos observar imediatamente que o raciocínio silogístico é mais complicado do que a inferência imediata. Na inferência imediata, podemos passar imediatamente de uma asserção isolada a outra asserção isolada, e as duas asserções terão os mesmos termos. No raciocínio silogístico, vamos de duas asserções, nas quais há três termos diferentes, a uma conclusão em que aparecem dois desses termos.

No primeiro exemplo, os três termos na premissa maior e na menor eram "animais", "homens" e "mortais". E os dois termos na conclusão eram "homens" (um termo da premissa menor) e "mortal" (um termo da premissa maior). Acontece sempre assim no raciocínio silogístico, e acontece sempre de o terceiro termo, que ocorre nas duas premissas ("animais") desaparecer na conclusão.

Aristóteles chama esse termo comum às premissas maior e menor de termo médio. Ele desaparece na conclusão porque cumpriu sua função no processo de raciocínio. Essa função é conectar os outros dois termos um ao outro. O termo médio lhes serve de intermediário. É por isso que Aristóteles diz que o raciocínio silogístico é mediado, ao contrário da inferência imediata. Na inferência imediata, não há termo médio porque não há necessidade de intermediação.

Não vou me dar ao trabalho de explicar como isso funciona nos três exemplos de raciocínio silogístico que acabo de dar. Você pode fazer isso sozinho. As únicas regras adicionais que você precisa levar em conta são as seguintes. Primeira, que se a premissa maior ou a premissa menor for negativa (se elas contiverem alguma forma de "não é" em vez de "é", ou de "nenhum" em vez de "todos"), então a conclusão também tem de ser negativa. Não é possível tirar uma conclusão afirmativa se uma das premissas é negativa.

A segunda regra é que o termo médio tem de funcionar como conectivo. Eis um exemplo no qual o termo médio não faz isso:

Premissa maior: Nenhum homem é por natureza besta de carga.
Premissa menor: Nenhuma mula é por natureza homem.
Conclusão: Nenhuma mula é por natureza besta de carga.

Não apenas a conclusão é de fato falsa, como é também logicamente incorreta. Uma conclusão afirmativa tem de vir de duas premissas afirmativas, mas não é possível tirar validamente conclusão nenhuma de duas premissas negativas. A razão é que a negativa na premissa maior exclui todos os homens da classe de coisas que são por natureza bestas de carga; e a negativa na premissa menor exclui todas as mulas da classe dos homens. Por isso, não podemos inferir corretamente nada a respeito da relação entre a classe das mulas e a classe das coisas que são por natureza bestas de carga.

É interessante observar no exemplo que acabo de dar que as premissas maior e menor são ambas verdadeiras, mas a conclusão que não se segue logicamente delas é falsa. É perfeitamente possível que as duas premissas sejam de fato falsas e que delas se siga logicamente uma conclusão falsa. Por exemplo:

Premissa maior: Nenhum pai tem filhas.
Premissa menor: Todos os homens casados são pais.
Conclusão: Nenhum homem casado tem filhas.

O que todos esses exemplos (e muitos outros que poderíamos considerar) nos mostram é algo que já foi observado e que, talvez, valha a pena repetir. O raciocínio pode ser lógico independentemente de as premissas e a conclusão serem de fato verdadeiras ou falsas. Somente se as duas premissas forem de fato verdadeiras é que a conclusão que se segue logicamente delas é também de fato verdadeira.

Se qualquer uma das premissas é falsa, então a conclusão que se segue logicamente delas pode ser verdadeira ou falsa. Não temos como dizer o que será. Por sua vez, se a conclusão que se segue logicamente de certas premissas é de fato falsa, então podemos inferir que uma *ou* ambas as premissas da qual ela saiu tem de ser falsa também.

Isso nos leva a mais uma importante regra de raciocínio mostrada por Aristóteles. No raciocínio silogístico, assim como na inferência imediata, a validade da inferência é expressa por um "se" e um "então". No caso do raciocínio silogístico, estamos dizendo que *se* as duas premissas são verdadeiras, *então* a conclusão que se segue logicamente delas também é verdadeira. Ainda não afirmamos a veracidade das premissas. Afirmamos apenas a validade da inferência das premissas à conclusão. Somente quando afirmamos a veracidade das premissas trocando "se" por "já que" podemos trocar "então" por "logo" e afirmar a veracidade da conclusão.

A regra que discutimos aqui tem duas partes. De um lado, ela diz que temos o direito de afirmar a veracidade da conclusão se afirmamos a veracidade das premissas. De outro lado, ela diz que temos o direito de questionar a veracidade das premissas se negarmos a veracidade da conclusão. Digo "questionar a veracidade das premissas" porque, ao negar a veracidade da conclusão, sabemos apenas que uma das premissas ou que ambas são falsas, mas não sabemos qual é o caso.

A regra "de dois gumes" que acabamos de enunciar aplica-se particularmente bem a um tipo de raciocínio que Aristóteles chamou de hipotético. Ele normalmente envolve quatro termos, não três.

Em O *Federalista*, Alexander Hamilton disse: "Se os homens fossem anjos, nenhum governo seria necessário". Se, ao dizer isso, Hamilton negasse que os homens são anjos, não se seguiria conclusão nenhuma. Negar a asserção "se" (que no raciocínio hipotético é chamada de antecedente) não lhe dá o direito de negar a afirmação "então" (que é chamada de consequente).

Hamilton, todavia, obviamente achava que o governo é inquestionavelmente necessário para uma sociedade de seres humanos. Logo, ele não teria hesitado em negar que os homens são anjos. Ele estaria certo em fazê-lo porque negar a consequente (a asserção *então*) no raciocínio hipotético lhe dá o direito de negar a antecedente (ou a asserção *se*).

A verdade sugerida por Hamilton também pode ser expressa por uma única asserção complexa que mais esconde do que revela o raciocínio por trás de si. Ei-la: "Porque os homens não são anjos, o governo é necessário para a sociedade humana". O raciocínio que não está expresso envolve uma série de asserções a respeito da diferença entre os homens e os anjos que tornam o governo necessário para a sociedade humana. Esse tipo de argumento compacto, que omite ou que esconde premissas indispensáveis, é chamado por Aristóteles de entimema.

18
DIZER A VERDADE E PENSÁ-LA

A palavra "verdade" foi usada inúmeras vezes nos dois capítulos anteriores. Como esses dois capítulos tratam da maneira como a mente funciona e de pensar e saber, é bastante natural que a referência à verdade e à falsidade tenha sido frequente. Quando sabemos algo, aquilo que sabemos é a verdade a seu respeito. Quando temos de pensar de maneira correta e adequada, nosso esforço almeja a verdade.

Eu achei que era possível usar as palavras "verdade" e "falsidade" (ou "verdadeiro" e "falso") sem explicar o que elas significam porque todos entendem o que significam. São ideias comuns, usadas comumente. A questão "o que é a verdade?" não é difícil de responder. Uma vez que você entende o que é a verdade, a questão difícil, como veremos, é: como podemos dizer se uma asserção particular é verdadeira ou falsa?

A razão de eu dizer que todos, por uma questão de senso comum, compreendem o que são verdade e falsidade é que todos sabem como contar mentiras. Todos contamos mentiras em algum momento, e todos compreendemos a diferença entre contar uma mentira e contar a verdade.

Suponhamos que eu ache que um dado restaurante fecha aos domingos. Numa manhã de domingo, você me pergunta se aquele restaurante está aberto para o jantar naquela noite. Eu digo que sim. Por ora, não nos preocupemos com a razão por que eu menti para você. Minha mentira consistiu em dizer exatamente o oposto do que penso. Eu disse que um certo restaurante *está aberto* para o jantar ao mesmo tempo em que acho que *não está*.

Dizer "está" quando você acha "não está" – ou dizer "não está" quando você acha "está" – é contar uma mentira. Dizer a verdade é o exato oposto disso. Consiste em dizer "está" quando você pensa "está", e "não está" quando você pensa "não está".

Um filósofo americano que foi professor de Harvard no início do século XX observou espirituosamente que mentiroso é aquele que deliberadamente tira do lugar seus predicados ontológicos. "Está" e "não está" são o que ele referiu por predicados ontológicos. Em outras palavras, mentiroso é aquele que intencionalmente coloca "está" no lugar de "não está", ou "não está" no lugar de "está". Dizer a verdade, então, é fazer aquilo que se diz estar de acordo ou em conformidade com aquilo que se pensa. Mentir é não dizer o que se pensa, mas o exato oposto disso.

*

Como disse há pouco, todo mundo entende isso. Tudo o que fiz foi explicar, da maneira mais explícita possível, aquilo que todo mundo entende. Fiz isso para preparar o terreno para a resposta simples, clara e baseada no senso comum que Aristóteles dará para a questão a respeito daquilo que torna o nosso pensamento verdadeiro ou falso.

A resposta dele é que, assim como dizer a verdade a outra pessoa consiste numa concordância entre aquilo que se diz e aquilo que se pensa, pensar verdadeiramente consiste num acordo entre aquilo que se pensa e aquilo a respeito de quê se pensa. Por exemplo, se me perguntarem se Cristóvão Colombo era espanhol ou italiano, pensarei verdadeiramente se pensar que ele era italiano, e falsamente se pensar que ele não era italiano.

Esse único exemplo basta para compreender a explicação de Aristóteles a respeito daquilo que torna o nosso pensamento verdadeiro ou falso. Pensamos verdadeiramente (ou temos a verdade em nossa mente) se pensarmos que aquilo que é, é; ou que aquilo que não é, não é. Pensamos falsamente (ou temos falsidade em nossa mente) se pensarmos que aquilo que é, não é; ou que aquilo que não é, é.

No caso de dizer a verdade a outra pessoa, o acordo é entre aquilo que dizemos em palavras a outra pessoa e aquilo que efetivamente pensamos. No caso de pensar a verdade, o acordo é entre aquilo que pensamos e os fatos tais como são. A verdade consiste numa correspondência entre a mente e a realidade.

Expressamos a maioria de nossos pensamentos com palavras, quer falemos conosco mesmos ou com outra pessoa, quer escrevamos nossos pensamentos de algum modo. Nem todos os pensamentos que expressamos oralmente são ou verdadeiros ou falsos. Aristóteles observa que as questões não são verdadeiras nem falsas; nem os pedidos que fazemos a outras pessoas, nem as ordens que damos. Somente as sentenças declarativas – as sentenças que contêm de alguma forma as palavras "é" ou "não é", ou que podem ser reformuladas para contê-las – são verdadeiras ou falsas.

Isso não deveria surpreender, considerando que Aristóteles entende que aquilo que torna uma asserção verdadeira está em sua concordância com os fatos em questão. As sentenças declarativas são as únicas sentenças que tentam descrever os fatos – o modo como as coisas são. Somente essas asserções podem ter sucesso nisso ou não. Se têm sucesso, são verdadeiras; se não têm, são falsas.

Pareceria, então, que as asserções que são *prescritivas* e não *descritivas* não podem ser verdadeiras ou falsas. Uma asserção prescritiva é uma asserção que prescreve algo que você ou eu devemos fazer. Como pode uma asserção que diz que devo dedicar mais tempo à leitura e menos às brincadeiras pode ser verdadeira ou falsa se a veracidade ou a falsidade da asserção de nossos pensamentos consiste num acordo entre aquilo que afirmamos ou negamos e o modo como as coisas são ou não são?

É muito importante conseguir responder essa pergunta. Se não houvesse resposta para ela, as asserções sobre os objetivos que devemos almejar na vida, e sobre os meios que devemos empregar para alcançá-los, não seriam verdadeiras nem falsas.

Tudo o que aprendemos com Aristóteles sobre a busca da felicidade (na Parte III deste livro) poderia ser ainda interessante como expressão das opiniões de Aristóteles sobre esses assuntos. Mas ele não poderia afirmar, nem eu poderia fazê-lo, que há verdade em suas recomendações a respeito daquilo que devemos fazer para obter a vida boa humana que temos a obrigação moral de tentar obter.

*

Aristóteles obviamente pensava que seu ensinamento sobre a vida e sobre como obtê-la era verdadeiro. Logo, ele deve ter tido uma resposta para a questão a respeito da veracidade das asserções que contêm as palavras "deve" e "não deve". Ele tinha. Ele disse que assim como uma asserção *descritiva* é verdadeira se está de acordo ou em conformidade com a realidade, uma asserção *prescritiva* é verdadeira se está de acordo ou em conformidade com o desejo certo.

O que é desejo certo? Isso consiste em desejar aquilo que se deve desejar. O que se deve desejar? Aquilo que seja realmente bom para um ser humano. O que é realmente bom para um ser humano? Aquilo que satisfaça uma necessidade humana.

A asserção de que uma pessoa deve desejar aquilo que seja bom para si própria é uma verdade autoevidente. É igualmente autoevidente que a asserção de que a parte é menor do que o todo finito a que pertence é verdadeira de modo autoevidente. Assim como é impossível para nós pensar em uma parte que seja maior do que o todo a que pertence, ou em um todo que seja menor do que qualquer uma de suas partes, é impossível para nós pensar que *não devemos* desejar aquilo que é *realmente bom* para nós, ou que *devemos* desejar aquilo que é *realmente ruim* para nós.

Entre nossas necessidades humanas está a necessidade de conhecimento. A posse do conhecimento é realmente boa para os seres humanos. Como o desejo certo consiste em desejar aquilo que devemos desejar, a asserção de que devemos desejar o conhecimento está em conformidade com o desejo certo. Por conformar-se ao desejo certo, ela é verdadeira, segundo a teoria de Aristóteles daquilo que torna uma asserção prescritiva verdadeira.

*

Acabamos de dar o passo mais fácil para responder a questão de como dizer se uma asserção é verdadeira ou falsa. Uma asserção como "um todo finito é maior do que suas partes" revela sua verdade já à superfície. Assim que entendemos os termos que compõem a asserção – "todo", "parte" e "maior que" –, imediatamente vemos que a asserção é verdadeira. É impossível entender o que é um todo, o que é uma parte, e a relação de *maior que*, sem simultaneamente entender que um todo é maior do que todas as suas partes.

Não há muitas asserções que possamos fazer que sejam autoevidentemente verdadeiras desse jeito. A asserção de que aquilo que é realmente bom deve ser desejado é uma delas. Mas sua verdade não é tão manifesta quanto a verdade a respeito dos todos e das partes porque é mais fácil para nós entender os todos e as partes do que entender a distinção entre bens reais e aparentes e a distinção entre o que deve ser desejado e o que é de fato desejado.

Às vezes dizemos que asserções que não são autoevidentes são autoevidentes. Ao fazê-lo, normalmente queremos sugerir que ela são verdades de aceitação geral – aceitáveis sem maiores discussões. Foi isso que fez Thomas Jefferson quando escreveu, na Declaração de Independência, que "consideramos estas verdades autoevidentes: todos os homens são criados iguais, são dotados por seu Criador de certos direitos inalienáveis", e daí por diante. Essas asserções podem ter sido aceitas como verdadeiras pelos signatários da Declaração e por outras pessoas, mas teria sido necessário um raciocínio bastante extenso para estabelecer sua veracidade.

Aquilo que acabo de dizer indica outra maneira para dizer se uma asserção é verdadeira ou falsa. Se não é verdadeira de modo autoevidente, sua veracidade pode ser estabelecida por meio da discussão ou do raciocínio. De acordo com Aristóteles, a veracidade de certas asserções pode ser demonstrada desse modo. São necessárias duas condições para demonstrar ou para provar a veracidade de uma asserção. Uma é a veracidade das premissas usadas no raciocínio. A outra é a correção ou a validade do próprio raciocínio.

Consideremos a asserção "os Estados Unidos são maiores do que o estado de Nova York". São necessárias duas premissas para estabelecer sua veracidade. Uma delas é "o todo é maior do que todas as suas partes". A outra é "os Estados Unidos são um todo, do qual o estado de Nova York é uma parte". A essas duas asserções, segue-se que os Estados Unidos são maiores do que o estado de Nova York. Sendo as premissas verdadeiras, a conclusão que se segue delas também é verdadeira.

Assim como poucas asserções podem ser enxergadas por nós como verdadeiras de modo autoevidente, também poucas podem ser enxergadas por nós como verdadeiras por serem resultado de um raciocínio válido a partir de premissas verdadeiras. A veracidade da maioria das asserções que expressam aquilo que pensamos não é determinada assim tão facilmente. Na maioria dos casos, permanecemos em dúvida quanto à veracidade ou à falsidade de uma asserção. Quando conseguimos resolver nossas dúvidas, isso acontece porque apelamos às evidências proporcionadas pela experiência de nossos sentidos.

Por exemplo, se temos dúvidas se um certo prédio tem doze ou quinze andares, a maneira de resolver essa dúvida é olhar o prédio e contar os andares. Uma só observação, relativamente simples, vai nos dizer se a asserção sobre a altura do prédio é verdadeira ou falsa.

O apelo à observação é o modo de determinar a veracidade de asserções sobre coisas que podem ser percebidas pelos sentidos. Você pode se perguntar se podemos confiar em nossos sentidos. Nem sempre, mas o modo de conferir nossa própria observação é confirmá-la ou corroborá-la com a observação de outras pessoas.

Por exemplo, como resultado de minha própria observação, posso fazer a asserção de que o carro que bateu no muro estava indo muito rápido. Outras testemunhas do mesmo evento podem ser convocadas para chegarmos à verdade da questão. Se todas elas relatarem a mesma observação, provavelmente é verdade que o carro estivesse indo muito rápido quando bateu. Quanto mais testemunhas concordarem nesse ponto, mais provável ele é.

Uma asserção que seja apenas provavelmente verdadeira tem a mesma veracidade que uma asserção que consideramos certamente verdadeira. Ou o carro estava indo muito rápido ou não estava. Uma asserção sobre sua velocidade é verdadeira ou é falsa. Quando dizemos que uma asserção é apenas provavelmente verdadeira, não estamos estimando seu grau de veracidade. Estamos estimando nosso próprio grau de segurança para reclamar-lhe veracidade.

Os graus de probabilidade não são medidas da verdade de uma asserção, mas apenas medidas da segurança com que podemos determinar sua verdade. Uma verdade que afirmemos com certeza, como a verdade sobre os todos e as partes, não é mais verdadeira do que uma verdade que consideramos apenas provável, como a verdade a respeito do carro que bateu.

Algumas testemunhas estão qualificadas para fazer observações que ajudam a determinar a verdade das asserções; outras, não. Por exemplo, como resultado da minha própria observação, posso dizer que o anel no seu dedo é de ouro. Ele pode, é claro, parecer de ouro e ser apenas revestido de ouro. É difícil, se não impossível, saber a diferença apenas a olho nu. Nem um joalheiro experiente lhe daria uma opinião sobre isso apenas olhando ou segurando o anel. O joalheiro sabe que há modos de determinar a verdadeira natureza dos objetos que parecem ser feitos de ouro. Ao submeter seu anel ao teste apropriado e observar o resultado, o joalheiro, por ser uma testemunha especializada, pode dizer se minha asserção original sobre o anel é verdadeira ou falsa.

*

Até agora consideramos asserções sobre objetos particulares – asserções sobre a altura de um prédio, sobre a velocidade de um carro, sobre o metal de um anel. A veracidade dessas asserções pode ser conferida pela observação. Às vezes, como resultado da observação, seja a nossa própria ou a de outros, podemos ter relativa certeza da veracidade da asserção considerada; outras vezes, ficamos sem tê-la.

Raramente a observação nos dá a certeza que temos sobre a veracidade de asserções que são verdadeiras de modo autoevidente ou cuja veracidade pode ser estabelecida por raciocínios válidos. Digo "raramente" e não "nunca" porque, segundo Aristóteles, algumas asserções simples sobre objetos observáveis são tão evidentemente verdadeiras quanto algumas asserções gerais são autoevidentemente verdadeiras. Para mim, é imediatamente evidente que há uma folha de papel na minha máquina de escrever no momento em que escrevo esta frase. Não preciso da confirmação de outras testemunhas para me assegurar da veracidade de minha asserção sobre esse fato observável. Tenho tanta certeza de sua veracidade como tenho da veracidade da asserção sobre os todos e as partes.

Ficamos com uma grande classe de asserções que chamamos de generalizações baseadas na experiência, asserções como "todos os cisnes são brancos" e "todos os esquimós são baixos". Como é impossível para nós ou para qualquer pessoa observar a cor de *todos* os cisnes, ou a altura de *todos* os esquimós, a observação por si não tem como estabelecer a veracidade dessas generalizações.

Uma certa quantidade de observações pode nos convencer de que as generalizações são provavelmente verdadeiras. Quanto maior o número de observações, mais podemos ficar convencidos. O aumento do número só pode aumentar a probabilidade. Ele nunca pode levar a uma certeza de que as generalizações são verdadeiras.

Podemos, todavia, ter certeza de que uma generalização é falsa, ainda que nunca possamos ter certeza de que ela é verdadeira. No capítulo anterior, observei que a asserção "todos os cisnes são pretos" ou mesmo "alguns cisnes são pretos" contradizem a asserção "todos os cisnes são brancos". Duas asserções contraditórias não podem ser ambas verdadeiras. A veracidade de minha observação de que um cisne é preto falseia a generalização de que todos os cisnes são brancos. À luz daquela única observação, sei com certeza que a generalização é falsa.

A resposta de Aristóteles à questão de como somos capazes de dizer se uma asserção é verdadeira ou falsa pode ser resumida dizendo que somos capazes de fazê-lo apelando de um lado à experiência e de outro à razão. A percepção dos sentidos nos proporciona uma maneira de conferir a veracidade ou a falsidade das afirmações em questão. Além disso, Aristóteles recomenda que sempre consideremos as opiniões dos outros antes de nos decidir – as opiniões da maioria dos homens, ou dos poucos especialistas, ou dos sábios.

19
ALÉM DE DÚVIDA RAZOÁVEL

Em nossos tribunais, existem dois critérios para que um júri dê um veredito. Nas questões de fato submetidas ao júri pelo tribunal, o júri às vezes é obrigado a dar uma resposta que considere além de dúvida razoável; e às vezes basta que o júri considere que sua resposta se baseia numa preponderância de provas.

Aristóteles fez uma distinção similar entre as duas maneiras como podemos responder questões de todos os tipos. Assim como a resposta do júri, que está além de dúvida razoável, às vezes podemos responder uma questão com uma asserção que tem o *status* de conhecimento. Quando nossas respostas não consistem de conhecimento, Aristóteles as chama de opiniões. As opiniões se aproximam do conhecimento na medida em que têm o peso das provas a seu favor. No lado exatamente oposto da escala estão aquelas opiniões que não têm nenhuma base em provas.

A distinção aristotélica entre conhecimento e opinião é muito drástica – talvez drástica demais para que a aceitemos sem relativizá-la. Para ele, quando temos conhecimento, aquilo que conhecemos consiste de verdades necessárias. Afirmamos essas verdades com certeza porque estão além de toda dúvida razoável. Por exemplo, não nos é possível duvidar de que um todo finito é maior do que todas as suas partes. Se algo é um todo finito, tem de ser maior do que todas as suas partes. É impossível que não seja.

Essas verdades autoevidentes constituem um exemplo daquilo a que Aristóteles se refere como conhecimento. O outro exemplo consiste em conclusões que podem ser validamente demonstradas por premissas que são verdadeiras de modo autoevidente. Quando afirmamos essas conclusões, não apenas sabemos *que* aquilo que afirmam é verdadeiro, como também sabemos *por que* aquilo que afirmam é verdadeiro. Sabendo as razões por que aquilo que afirmam é verdadeiro, sabemos que aquilo que afirmam não pode ser diferente. Aqui também estamos em posse de verdades necessárias.

Em sua época, Aristóteles pensava que a matemática, sobretudo a geometria, exemplificava esse conhecimento de alta qualidade. A visão da matemática que se tem hoje em dia não está de acordo com a de Aristóteles. Mesmo assim, a matemática chega mais perto do que qualquer outra ciência de exemplificar o que Aristóteles queria dizer com conhecimento.

Ao considerar as verdades da geometria, podemos compreender outra distinção feita por Aristóteles entre conhecimento e opinião. Dizia ele que há duas maneiras de afirmar a conclusão de uma demonstração geométrica. O professor que compreende a demonstração afirma a conclusão à luz das premissas que a provam. Ele tem conhecimento. Por sua vez, o aluno que não entende a demonstração, mas que afirma a conclusão só porque o professor disse que ela era verdadeira, não tem conhecimento. Mesmo que a verdade em si seja uma verdade necessária, afirmá-la a partir da autoridade de outra pessoa é tê-la como se fosse opinião, e não conhecimento. Para a maioria de nós, as verdades científicas com que estamos familiarizados são opiniões que temos por causa da autoridade dos cientistas, não um conhecimento possuído por nós mesmos.

Você pode achar esse modo de distinguir entre o conhecimento e a opinião mais útil e também mais aceitável. Somente poucas asserções são verdades necessárias para nós, porque são verdadeiras de modo autoevidente e porque seus opostos são impossíveis. Todas as outras asserções expressam opiniões que podem ser verdadeiras ou não. Ainda que Aristóteles fosse chamar as asserções desse tipo de asserções de opinião e não de conhecimento, vejamos se conseguimos dividir as opiniões em dois grupos, um dos quais com alguma semelhança com aquilo que Aristóteles referia por conhecimento.

*

As opiniões que temos podem ser baseadas em razões e em observações, ou pode ser que as tenhamos sem essa base. Por exemplo, se sustento uma opinião só porque alguém me disse que ela era verdadeira, e eu mesmo não tenho nenhuma outra razão para julgá-la verdadeira, então ela é uma *mera* opinião. A asserção pode até ser verdadeira de fato. Isso não faz com que ela seja mais do que mera opinião. No que diz respeito a afirmá-la, não tenho bases que me permitam julgá-la verdadeira, exceto a autoridade de outra pessoa.

Cada um de nós também tem certos preconceitos pessoais — coisas que julgamos verdadeiras simplesmente porque acreditamos nelas. Não temos bases racionais para acreditar nelas. Antes, estamos emocionalmente ligados a elas. Por exemplo, as pessoas costumam acreditar que seu país é o melhor país do mundo. Isso pode ser verdade ou não. Pode até ser possível afirmar que seja, citando provas de algum tipo, ou dando razões para pensar assim. Mas as pessoas que acreditam nisso normalmente não citam provas nem dão razões. Elas só querem acreditar nisso.

As asserções a que estamos emocionalmente ligados por esse tipo de autoilusão são meras opiniões. Outras pessoas podem estar ligadas emocionalmente a opiniões contrárias. Como nem uma opinião nem a outra, que pode ser o oposto daquela, tem base em razões ou em provas, uma opinião desse tipo vale tanto quanto qualquer outra.

No caso das meras opiniões, todos têm o direito de preferir as suas próprias — aquelas às quais o indivíduo está ligado emocionalmente. Não pode haver discussão sobre essas opiniões, ao menos não uma discussão racional. As opiniões desse tipo são como expressões do gosto pessoal para comidas e para bebidas. Você pode gostar de suco de laranja mais do que de suco de abacaxi, e eu posso preferir suco de abacaxi a suco de laranja. Você tem direito aos seus gostos, e eu aos meus. Não faz sentido discutir qual é melhor.

As diferenças de opinião se tornam discutíveis somente quando as opiniões sobre as quais temos diferenças não são meras opiniões no sentido que acabamos de indicar — somente quando não são apenas preconceitos pessoais, expressões de gosto, ou de coisas em que queremos acreditar.

Por exemplo, posso ter boas razões para achar que aproveitar a energia solar vai nos proporcionar energia suficiente quando os combustíveis fósseis como o carvão e o petróleo se esgotarem. Você pode ter boas razões para achar que a energia solar não resolverá o problema. Cada um de nós, além disso, pode ser capaz de citar estatísticas de estudos cuidadosos de fontes de energia. Nenhum de nós pode conseguir convencer o outro. Mesmo assim, as opiniões que temos e sobre as quais temos diferenças e discutimos *não* são meras opiniões.

Suponhamos que nenhum de nós tenha efetivamente estudado a questão da energia. Simplesmente lemos o que outros disseram sobre o assunto. As opiniões opostas que temos se baseiam na autoridade de outros. Suponhamos ainda que a maior parte das autoridades da área estejam do seu lado; ou que, das autoridades às quais se pode recorrer, os maiores especialistas estejam do seu lado. Aristóteles diria que seus argumentos são mais fortes. Para ele, a opinião da maioria dos homens, ou da maioria dos especialistas, ou dos melhores especialistas, é provavelmente a melhor opinião.

*

Chegamos cada vez mais perto daquilo a que Aristóteles se referia como conhecimento e nos distanciamos cada vez mais da mera opinião, quando as opiniões se baseiam em provas científicas e em raciocínios científicos. As opiniões baseadas em uma preponderância de provas e nos melhores raciocínios são consideradas conhecimento pelos cientistas de hoje.

Não é conhecimento no sentido aristotélico da palavra, porque aquilo que afirmamos saber pode não ser a melhor opinião dentre duas contrárias se, por causa de novas investigações científicas, surgirem mais provas em favor do outro lado, ou se, por causa de novos pensamentos científicos, surgirem razões melhores em favor da opinião oposta. Não há conclusão científica conhecida que seja final ou definitivamente verdadeira – verdadeira além da possibilidade de correção ou de rejeição por novas investigações e por novos pensamentos sobre o assunto.

O oposto de qualquer opinião considerada uma opinião científica nunca deixa de ser possível, porque nenhuma conclusão científica é em si uma verdade necessária. Ainda assim, muitas conclusões científicas têm sido sustentadas por uma preponderância de provas e por razões inquestionadas há muitos séculos. O fato de novas descobertas poderem alterar a balança contra essas conclusões, ou o fato de as razões a favor delas poderem ser seriamente questionadas por um novo pensamento sobre o assunto não nos impede de considerar que essas conclusões são conhecimento firmemente estabelecido – *por ora*.

Será que as conclusões científicas, baseadas numa preponderância de provas e nos melhores argumentos existentes num dado momento, são as únicas opiniões que podemos considerar conhecimento? Não. As conclusões filosóficas também podem ser opiniões que temos o direito de considerar conhecimento porque são apoiadas por bons raciocínios e pelo peso das provas a seu favor, e não a favor das conclusões opostas.

*

Como as conclusões do pensamento filosófico diferem das conclusões da pesquisa científica? A resposta está nas palavras "pensamento" e "pesquisa". As conclusões científicas se baseiam nas investigações realizadas pelos cientistas, estejam eles em laboratórios ou não. Aquilo que os cientistas pensam para chegar a essa conclusão nunca é suficiente por si. É necessário sempre pensar sobre as observações ou descobertas de investigações ou de pesquisas cuidadosamente planejadas e executadas.

Em contrapartida, o pensamento filosófico chega a conclusões a partir da experiência comum, do tipo de experiência que todos temos em nossas vidas cotidianas sem fazer pesquisa nenhuma – sem executar cuidadosamente investigações cuidadosamente planejadas. Os filósofos não fazem pesquisa. Não concebem experiências nem executam investigações.

O pensamento filosófico sobre a experiência comum começa com as opiniões do senso comum que a maioria das pessoas tem. Ele melhora essas opiniões do senso comum por ser mais reflexivo e analítico do que a maioria das pessoas. Na minha própria visão do assunto, ele chega às melhores e mais sofisticadas conclusões naquilo que chamei de senso comum incomum de Aristóteles.

As conclusões científicas ou filosóficas normalmente são generalizações da experiência – seja a experiência especial que resulta da pesquisa ou da investigação, seja a experiência comum que todos temos sem investigação nem pesquisa. Como observamos num capítulo anterior, qualquer generalização pode ser falseada por uma única observação negativa. Isso vale tanto para uma generalização filosófica quanto para uma generalização científica. Quanto mais tempo uma generalização passar sem ser falseada, mais direito temos de considerá-la conhecimento estabelecido, ainda que nunca possamos considerá-la final ou definitivamente verdadeira – além da possibilidade de correção ou de rejeição.

Como as conclusões filosóficas se baseiam na experiência comum e não na experiência especial, e como elas não são afetadas pelos resultados de investigações ou de pesquisas, as conclusões como as obtidas por Aristóteles há mais de dois mil anos ainda podem, hoje mesmo, reclamar para si o *status* de conhecimento filosófico. Nada em nossa experiência comum desde sua época as falseou.

A maioria das conclusões científicas que eram aceitas correntemente na época de Aristóteles foi rejeitada ou corrigida desde então. Ou foram falseadas pelas descobertas de pesquisas posteriores, ou foram corrigidas e melhoradas por um pensamento melhor, por observações melhores e por investigações mais minuciosas.

Nem todas as opiniões que podem ser consideradas conhecimento estabelecido assumem a forma de generalizações científicas ou filosóficas baseadas na experiência. A investigação ou a pesquisa histórica chega a conclusões sobre questões factuais particulares – a data em que determinado evento se deu, os passos seguidos por alguém para tornar-se governante, as circunstâncias que levaram ao início de uma guerra etc.

Aqui, como no caso da ciência, a pesquisa reúne provas, sobre as quais os historiadores pensam e, à luz do que pensam, propõem conclusões que consideram baseadas em uma preponderância de provas, e por boas razões. Quando é assim que se chega a conclusões históricas, elas podem ser consideradas conhecimento estabelecido, ainda que novas pesquisas venham a mudar nossa visão do assunto.

*

Agora vemos que há pelo menos cinco tipos distintos de conhecimento, e só um deles é o conhecimento no sentido estrito que Aristóteles atribuiu à palavra. Trata-se do conhecimento que temos quando compreendemos verdades autoevidentes. Os outros quatro tipos são 1) as opiniões bem fundadas do pensamento matemático – as conclusões que os matemáticos conseguem demonstrar; 2) as generalizações estabelecidas da pesquisa ou da investigação científica; 3) as opiniões filosóficas baseadas na experiência comum e no refinamento do senso comum pela reflexão filosófica; e 4) as opiniões sobre fatos particulares que os historiadores conseguem basear em pesquisas históricas.

Todos esses quatro tipos são opiniões no sentido de que nunca estão estabelecidos por razões e provas a ponto de não poderem ser falseados ou corrigidos por novos pensamentos ou por novas observações. Contudo, todos os quatro são também conhecimento no sentido de que num dado momento têm o peso das provas a seu favor, e os argumentos em que se baseiam permanecem inquestionados.

Parte V

Questões Filosóficas Difíceis

20
A INFINITUDE

As questões filosóficas difíceis são aquelas impossíveis de responder à luz da experiência comum e usando apenas o senso comum. Respondê-las exige reflexão e raciocínio continuados.

Como surgem essas questões? Para Aristóteles, elas surgiam em parte dos refinamentos do senso comum desenvolvidos por seu próprio pensamento filosófico. Em parte, eram questões que ele levantou diante das ideias de outras pessoas, comuns em sua época.

Entre os estudiosos da natureza que o precederam havia dois físicos gregos, Leucipo e Demócrito, os primeiros a proporem a teoria dos átomos. De acordo com sua teoria, tudo no mundo natural se compõe de partículas mínimas e invisíveis de matéria, separadas por um vazio – um espaço totalmente privado de matéria. Eles chamavam essas partículas de átomos, a fim de indicar que essas unidades de matéria não eram apenas muito pequenas, mas absolutamente pequenas. Na visão deles, nada menor pode existir, pois cada átomo é uma unidade indivisível de matéria e não pode ser cortado em unidades menores.

Os átomos, segundo Demócrito, diferem um do outro apenas em tamanho, formato e peso. Estão constantemente em movimento. E seu número é infinito.

Aristóteles lançou duas objeções a essa teoria. Primeiro, questionou a ideia central da teoria atomística. Se um átomo é uma unidade sólida de matéria sem um vácuo ou espaço vazio dentro de si, então, dizia, não pode ser incortável ou indivisível. Ou um átomo tem algum espaço vazio dentro de si, e portanto não é uma unidade de matéria, ou, se é desprovido de espaço vazio, a matéria é contínua, e nesse caso ela é divisível.

O raciocínio aqui pode ser ilustrado com algo maior do que um átomo. Tenho em minhas mãos um fósforo. Quebro-o em dois pedaços menores de madeira. Agora, cada um desses pedaços é uma unidade distinta de matéria. Como não formam mais um único pedaço de madeira, não podem mais ser quebrados em dois. Mas cada um dos dois pedaços de madeira ainda pode ser dividido, e assim por diante, indefinidamente.

Tudo o que é contínuo, dizia Aristóteles, é infinitamente divisível. Tudo o que é um – uma única unidade de matéria – tem de ser contínuo. Se não o fosse, não seria uma unidade de matéria, mas duas ou mais. Com esse raciocínio, Aristóteles julgava ter demonstrado que não poderia haver átomos. Pode haver unidades de matéria muito pequenas, mas, por menores que sejam, podem ser divididas em partículas ainda menores, desde que cada uma seja uma unidade de matéria – uma e contínua.

Em segundo lugar, Aristóteles era contrário à ideia de que havia um número infinito de átomos no mundo. Seu número pode ser imenso, tão imenso que não pode ser contado. Mas não pode ser infinito porque, segundo Aristóteles, é impossível que um número infinito de coisas coexista em ato em qualquer momento do tempo.

*

De início, essas duas objeções de Aristóteles contra os atomistas de sua época parecem incoerentes. Por um lado, Aristóteles parece estar dizendo que qualquer unidade contínua de matéria deve ser infinitamente divisível. Por outro, parece estar dizendo que um número infinito de unidades não pode existir em momento algum. Será que ele não está simultaneamente afirmando e negando a existência de um infinito?

A aparente contradição é resolvida por uma distinção característica do pensamento de Aristóteles. Chegamos a essa distinção num capítulo anterior do livro (veja o capítulo 7). Trata-se da distinção entre o que é potencial e o que é atual – entre aquilo que pode ser (mas não é) e aquilo que é.

Aristóteles julga que pode haver dois infinitos – ambos potenciais, nenhum atual. Um é o infinito potencial da adição. Outro, o infinito potencial da divisão.

O infinito potencial da adição está exemplificado pela infinidade dos números inteiros. Não existe um número inteiro que seja o último número na série de números inteiros que começa em 1, 2, 3, 4 e daí por diante. Tome qualquer número nessa série, por maior que seja, e há um número seguinte, maior ainda. É possível continuar adicionando um número após o outro, sem fim. Mas isso é somente *possível* enquanto o *ato* dessa adição não pode ser realizado, pois levaria um tempo infinito – um tempo sem fim.

Como veremos no próximo capítulo, Aristóteles não negava a infinitude do tempo. Pelo contrário, afirmava a eternidade do mundo – que ele não tem início nem fim. Mas um tempo infinito não existe em nenhum momento. Assim como a série infinita de números inteiros, trata-se apenas de um infinito potencial, não de um infinito em ato.

Logo, também a infinitude da divisão é um infinito potencial, não atual. Assim como você pode adicionar um número atrás do outro sem parar, também pode dividir qualquer coisa que seja contínua sem parar. O número de frações entre os números inteiros 2 e 3 é infinito, assim como o número de números inteiros é infinito. Os dois infinitos, porém, são potenciais, não atuais. Eles não existem em ato em nenhum momento do tempo.

*

Neste instante, e em nenhum outro instante, dizia Aristóteles, não pode haver uma infinitude em ato de coisas coexistentes, como haveria se os atomistas estivessem corretos. Eles diziam, não esqueçamos, que neste exato momento coexiste um número infinito de átomos. Era isso, e apenas isso, que Aristóteles negava.

Seu raciocínio a respeito era o seguinte. O número de coisas que coexistem em ato é definido ou indefinido. Se é infinito, é indefinido. Mas nada pode ser simultaneamente atual e indefinido. Logo, não pode haver um infinito em ato de nenhuma espécie – um número atualmente infinito de átomos coexistentes, um mundo atualmente infinito, um espaço atualmente infinito que está repleto de unidades de matéria atualmente existentes.

Os únicos infinitos que podem existir, segundo Aristóteles, são os infinitos potenciais que fazem parte dos processos infindáveis de adição ou divisão. Como um momento do tempo sucede ou precede outro, e como dois momentos do tempo não coexistem em ato, o tempo pode ser infinito.

21
A ETERNIDADE

Aristóteles julgava que o tempo pode ser infinito porque é feito de uma série de momentos ou de instantes que precedem ou sucedem um ao outro e não coexistem em ato. Um momento do tempo deixa de existir assim que o momento seguinte passa a existir. Como esse processo pode continuar infindavelmente, pode haver um número infinito de momentos ou de instantes do tempo.

O tempo pode ser infinito, mas será que o é? Se é, então o mundo que ora existe não tem fim. Mesmo que tenha tido começo, pode existir indefinidamente, já que o tempo não tem fim. Sempre pode haver outro momento.

Aristóteles foi mais longe. Não apenas ele julgava que o tempo era infinito, também julgava que o mundo não tinha começo nem fim. Se o mundo não tinha começo nem fim, então o tempo é infinito em ambas as direções. Não há um momento do tempo que não seja precedido por um momento anterior. Não há um momento do tempo que não seja sucedido por um momento posterior.

Por que Aristóteles pensava que o mundo é eterno? Ele usou a palavra "eterno" para expressar seu entendimento de que o mundo não tem começo nem fim. Às vezes a palavra "eterno" é usada para falar da *atemporalidade*, como quando se diz que Deus é eterno. Aristóteles também usou a palavra "eterno" nesse sentido. Mas, em sua visão, a eternidade do mundo é uma coisa, e a eternidade de Deus é outra, bem diferente.

A fim de entender essa distinção entre as duas eternidades – a eternidade da atemporalidade e a eternidade do tempo sem começo nem fim –, temos de considerar o entendimento que o próprio Aristóteles tinha do tempo.

O tempo, segundo ele, é a medida do movimento ou da mudança. Outra maneira de expressar essa ideia é dizer que o tempo é a dimensão em que o movimento ou a mudança ocorre, assim como o espaço é a dimensão em que as coisas materiais existem. As coisas que existem ocupam ou preenchem o espaço. As coisas que mudam persistem no tempo. A bola de bilhar que rola de uma ponta à outra da mesa faz isso num período de tempo. Esse movimento leva tempo. A duração do movimento é medida pelo número de momentos de tempo que levou para a bola de bilhar ir daqui até ali.

Segue-se, julgava Aristóteles, que o tempo não tem começo nem fim se o movimento ou a mudança não tem começo nem fim. Mas por que ele pensava que o movimento ou a mudança não pode começar e não pode terminar? Essa é de fato uma questão muito difícil.

A resposta, se é que há resposta, está na ideia aristotélica de causa e efeito e em sua ideia de Deus. Tudo o que acontece, dizia Aristóteles, tem de ter uma causa. Se um corpo se move, algo tem de ter causado seu movimento. Por exemplo, a bola de bilhar não se moveu sozinha. Foi movida pelo taco que bateu nela. Para colocar a bola em movimento, o taco teve de se mover. Mas outra coisa teve de movê-lo. E daí por diante.

Isso equivale a uma negação por Aristóteles do primeiro motor na série de motores e coisas movidas. Aristóteles, como vimos, afirmava a existência – e, mais do que isso, a necessidade da existência – de um primeiro motor. Mas, em sua perspectiva, o primeiro motor não era o primeiro de uma série de coisas que movem e que são movidas. O primeiro motor não era a primeira causa eficiente do movimento – o motor que iniciara o movimento das coisas.

No capítulo 23, sobre Deus, retornaremos à concepção aristotélica do primeiro motor. Por ora, basta-me dizer que o Deus de Aristóteles, ao contrário do Deus bíblico, não criou o mundo. Aristóteles teria negado a afirmativa com que a Bíblia se inicia: "No princípio, Deus criou o céu e a terra". Ele a teria negado porque não via qualquer razão para pensar que o mundo chegou a ter um começo.

Se houvesse razão para pensar que o mundo em movimento teve um começo, há também razão para pensar que o mundo em movimento terá fim.

As coisas individuais de que o mundo se compõe passam a existir e deixam de existir. Não pode haver um número infinito de coisas individuais que coexistam em nenhum momento do tempo. Mas pode haver um número infinito de coisas que passam a existir e deixam e de existir num tempo infinito, ou num tempo sem começo nem fim. Passar a existir e deixar de existir é, como vimos, um tipo de mudança. Assim como o movimento local, ou o movimento de um lugar a outro, ele nunca começou e nunca termina.

O tipo de movimento que Aristóteles tinha em mente antes de tudo quando falava da eternidade do movimento não era o movimento dos corpos na Terra, nem qualquer outra mudança terrestre. Ele contemplava os céus e os movimentos do Sol, da Lua, dos planetas e das estrelas. Esses movimentos, julgava, exemplificavam de modo mais claro a eternidade do movimento e, com ela, a eternidade do mundo. Como veremos no capítulo 23, a eternidade de Deus é usada por Aristóteles para explicar a eternidade do mundo. Essas duas eternidades são diferentes na medida em que a atemporalidade é diferente do tempo perpétuo.

22
A IMATERIALIDADE DA MENTE

As três questões filosóficas que nos interessam neste capítulo não são todas igualmente difíceis. A primeira delas, a menos difícil, é se as coisas materiais do mundo físico também são imateriais sob algum aspecto. Mais difícil é a questão de se a existência da mente humana introduz algo de imaterial num mundo que, não fosse por isso, seria material. Por fim, a mais difícil: a questão de se o universo inclui algum ser ou alguns seres inteiramente imateriais.

O leitor que se lembra daquilo que foi dito no capítulo 8 terá uma pista da resposta que Aristóteles deu à primeira questão. Vimos naquele capítulo que todas as coisas mutáveis da natureza física são compostas de matéria e de forma. Entendemos isso falando de obras de arte humana. O artista ou artesão pega materiais que podem ser formados de algum jeito e produz uma obra de arte ao transformar os materiais em que trabalha – dando-lhes uma forma que inicialmente não tinham. A madeira que se torna uma cadeira como resultado da produtividade humana assume uma forma – a forma da "cadeiridade" – que não tinha antes de ser transformada pelo produtor.

É importante lembrar que entendemos que forma *não* é figura nem formato. As cadeiras produzidas pelos homens têm muitos formatos diferentes, mas, independentemente do formato que tenham, são todas cadeiras. É a forma, não o formato, que faz todas as cadeiras de diferentes formatos serem o mesmo tipo de coisa. A forma era uma ideia na mente do produtor antes de ser a forma pela qual ele transformou a madeira em cadeira. Tendo a ideia, o produtor entendeu o tipo de coisa material que desejava produzir. Assim como a ideia na mente do produtor é uma compreensão do tipo de coisa a ser feita, também a forma nos materiais transformados pelo produtor é o que faz dela o tipo de coisa produzida.

Independentemente de serem produtos da arte humana ou coisas naturais e não artificiais, todas as coisas materiais têm um aspecto que não é material. A forma não é a matéria. A matéria não é a forma. As coisas compostas de forma e de matéria têm um aspecto imaterial e também um aspecto material.

Como vimos, conseguimos pensar na matéria sem pensar na forma, mas a matéria pura – a matéria totalmente desprovida de forma – não pode existir. As formas que a matéria pode assumir atualizam suas potências. Se carece de qualquer espécie de forma, a matéria, por si, não pode ter atualidade; e aquilo que não tem atualidade não pode existir.

Também é verdadeiro dizer que as formas que a matéria assume não existem separadas da matéria a que dão algum tipo de atualidade – a atualidade de uma cadeira, ou a atualidade de uma árvore? As formas que são o aspecto imaterial das coisas materiais são formas materiais – formas que têm sua existência na matéria. Mas será que essa é a única existência que têm? Será que elas também podem existir separadas da matéria das coisas que são compostas de matéria e de forma?

A resposta de Aristóteles a essa questão é afirmativa. Uma vez mais é necessário recordar algo dito num capítulo anterior. No capítulo 16, observei que, de acordo com Aristóteles, a mente humana compreende o tipo de coisa que uma cadeira ou uma árvore é por ter uma ideia dela. Ter uma ideia consiste em ter na mente a forma da coisa sem ter também sua matéria.

Aquilo que acabo de dizer tem a ver com a diferença entre a mente em sua atividade de conhecedora e a mente em sua atividade de produtora.

Como produtora, a mente tem uma ideia produtiva que usa para transformar matérias-primas em cadeiras e em mesas. Ela põe suas ideias nessas matérias-primas e lhes dá a forma de uma cadeira ou de uma mesa. Enquanto conhecedora, a mente pega ideias das coisas naturais do mundo físico. Ela as pega tirando as formas das coisas materiais da matéria desses objetos compostos – sejam árvores ou cavalos. Ao fazê-lo, ela entende que tipo de coisa é uma árvore ou um cavalo.

Outro ponto a recordar do capítulo 16 é a diferença entre saber e comer. Quando comemos (quando colocamos comida dentro do nosso organismo e a digerimos), tomamos tanto a matéria quanto a forma da coisa composta que nos nutre – seja uma maçã ou uma batata.

Aos olhos de Aristóteles, a razão de a maçã ou de a batata que comemos nutrir-nos é que quando a digerimos e a assimilamos, transformamos sua matéria.

A nutrição envolve a assimilação da comida que comemos. A assimilação ocorre quando a matéria que tinha a forma de uma maçã ou de uma batata perde aquela forma e assume a forma de carne, ossos e sangue humanos. É por isso que devemos colocar em nossos próprios corpos tanto a matéria quanto a forma das coisas materiais nas quais buscamos nossa nutrição.

Se saber fosse exatamente como comer, nunca seríamos capazes de entender que tipo de coisa é uma maçã ou uma batata. Para entender que tipo de coisa é uma maçã ou uma batata, temos de tirar as formas dessas coisas compostas da matéria que estão informando.

Para assimilar coisas comíveis, temos de separar a matéria da forma e trocar a forma que a matéria tinha pela forma de nossos próprios corpos.

Para entender coisas conhecíveis, temos de separar a forma da matéria e manter a forma separada da matéria. Somente separada da matéria a forma se torna uma ideia em nossas mentes, uma ideia pela qual compreendemos que tipo de coisa é uma maçã ou uma batata.

Por quê? Essa é a questão difícil que ainda não foi respondida. A resposta de Aristóteles baseia-se numa distinção entre o tipo de coisa que uma batata ou uma maçã são em geral, e batatas e maçãs particulares, cada qual uma coisa única. Essa maçã particular que tenho na mão é a coisa única que é porque a forma, que faz dela *uma maçã*, está unida com essa unidade de matéria, que faz dela *essa maçã*, e não aquela outra em cima da mesa. Aquela ali tem a mesma forma, mas unida a uma unidade diferente de matéria. As diferentes unidades de matéria que entram na composição das duas maçãs individuais é que as tornam indivíduos diferentes. A forma que cada uma delas tem é o que faz de ambas maçãs – o mesmo tipo de fruta.

Quando temos a ideia que nos permite entender que tipo de coisa é uma maçã, estamos entendendo as maçãs em geral, não essa ou aquela maçã individual. Aos olhos de Aristóteles, percebemos pelos sentidos a individualidade dessa ou daquela maçã, mas não podemos, pelas ideias que temos em nossas mentes, entender sua individualidade. Somente tipos em geral são compreensíveis, não indivíduos.

É por isso que a mente, ao entender os tipos em geral, tem de separar as formas das coisas materiais de sua matéria e manter essas formas separadas, como ideias pelas quais compreendemos. É por isso também que Aristóteles chamava a mente de forma das formas – o lugar em que as formas das coisas materiais podem existir separadas de sua matéria.

*

Agora chegamos à resposta de Aristóteles para a segunda questão formulada no início deste capítulo. Será que a mente humana introduz algo de imaterial num mundo que, sem isso, seria material? Aristóteles diz que sim.

Se a mente não fosse um elemento imaterial da composição dos seres humanos, ela não nos daria a capacidade de entender as coisas materiais, separando suas formas de sua matéria. E se a mente não segurasse ou guardasse as formas das coisas materiais separadas de sua matéria, não teríamos as ideias pelas quais entendemos os tipos em geral – o tipo de coisa que é uma batata é distinto do tipo de coisa que é uma maçã.

A fim de segurar ou guardar formas separadas da matéria, a mente em si tem de ser imaterial. Se ela fosse material, as formas seriam guardadas na matéria, e assim não seriam mais ideias pelas quais entendemos os tipos em geral.

Há outra maneira de dizer a mesma coisa que pode nos ajudar a entender um pouco melhor o raciocínio de Aristóteles. Sentir e perceber são um modo de conhecer. Quando sentimos e percebemos coisas individuais (como essa ou aquela maçã), esse conhecimento envolve a ação de nossos órgãos sensíveis e de nossos cérebros, que são elementos materiais de nossa composição.

Entender é um modo diferente de conhecer. Ao sentir e perceber, conhecemos essa ou aquela coisa individual. Ao compreender, conhecemos o tipo de coisa em geral que essa coisa individual é. Ao contrário de sentir e de perceber, esse conhecimento não envolve a ação de nenhum órgão material, nem mesmo do cérebro.

Ver é um ato do olho, mas compreender não é um ato do cérebro. É um ato da nossa mente – um elemento imaterial em nossa composição que pode ser relacionado ao cérebro como órgão material, mas que é distinto dele.

*

Resumindo o que aprendemos até agora: de acordo com Aristóteles, as formas das coisas materiais no mundo físico são aspectos imateriais delas. Além disso, o mundo material, de que fazemos parte, inclui um elemento imaterial porque temos mentes e cérebros, mentes que são distintas dos cérebros.

Essas são as respostas de Aristóteles às duas primeiras das três questões filosóficas difíceis com que começamos. A terceira e mais difícil questão – sobre a existência de um ser totalmente imaterial – será respondida no capítulo seguinte.

23
DEUS

Como Aristóteles considera o universo eterno – perpetuamente passando por mudanças –, isso o leva a questionar a causa da perpetuidade da mudança. Ele atribui todas as mudanças que constantemente ocorrem na Terra ao movimento dos corpos celestes. Mas o que os mantém perpetuamente em movimento?

Não pode ser algo que está em movimento ou mudando sob qualquer aspecto. Se estivesse, essa coisa também precisaria de uma causa para seu movimento, uma causa para sua mudança. Dado um tempo infinito, seria possível remontar de efeito a causa numa série infinita e nunca chegar a uma primeira causa – um motor em movimento que não é ele mesmo movido por outra coisa em movimento.

Um primeiro motor que move tudo o que está em movimento sem mover e sem ser movido tem de causar o movimento por ser atrativo e não propulsivo. O taco que bate na bola e a impele é a causa eficiente ou ativa do movimento da bola. O doce na vitrina que me incita a entrar na loja para comprá-lo e comê-lo causa meu movimento de modo diferente. Sem mover-se, ele me atrai. Ele não é a causa eficiente de eu entrar na loja, mas a causa final – a razão de eu me mover naquela direção.

Para mover tudo o mais sem ser movido nem mover-se, o primeiro motor, diz Aristóteles, tem de funcionar como uma causa atrativa ou final. Ao pensar assim, ele não tinha em mente a atração gravitacional que a Terra exerce sobre os corpos que caem em sua superfície, nem a atração gravitacional que a Lua exerce sobre as marés.

Em sua visão, as causas atrativas ou finais operam em inteligências que podem responder a elas e adotá-las como motivos para a ação. Quando diz que um corpo pesado que cai na Terra deseja repousar ali, ele está falando metaforicamente, não literalmente. Aquele movimento é apenas *como* o movimento da pessoa que é atraída pelo doce na vitrina a entrar na loja.

Pensando assim, Aristóteles considerou necessário dotar os corpos celestes de inteligências que funcionam como seus motores. Assim como um automóvel é movido por seu motor, um corpo celeste é movido por uma inteligência. Mas, ao contrário do motor do automóvel, que precisa ser posto em movimento, as inteligências celestes funcionam como motores por ser atraídas pelo primeiro motor do universo.

Por ser um motor imóvel e eterno de um universo perpetuamente em movimento, o primeiro motor tem de ser imutável. Mas, por ser imutável, na visão de Aristóteles, ele também tem de ser imaterial. Tudo o que é material tem potências, estando sujeito à mudança ou ao movimento, sendo também imperfeito, pois a cada momento não é em ato tudo que poderia ser.

Vimos nos capítulos anteriores que aquilo que é pura ou completamente potencial não pode existir. Nada existe sem ser atual sob alguns aspectos, nem sem ser potencial sob outros. O inverso, porém, não é verdade. O ato puro (a forma sem matéria) pode existir, ainda que a pura potência (a matéria sem forma) não possa.

*

É raciocinando assim que Aristóteles chega à conclusão de que o primeiro motor é ato puro – um ser totalmente desprovido de matéria ou de potência. Além disso, esse ser imaterial é um ser perfeito, um ser que não carece de nenhuma perfeição que lhe falte obter. A esse ser perfeito, o primeiro motor do universo, Aristóteles chamou de Deus.

Deus, para Aristóteles, não é o único ser imaterial do universo. As inteligências que mantêm as estrelas em seus circuitos eternos por ser atraídas pela perfeição de Deus também são imateriais. Mas ainda que, na teoria de Aristóteles, elas também sejam imateriais, ele não as considerava perfeitas, nem atos puros. Só Deus.

É difícil, se não impossível, explicar a potência que se deve atribuir às inteligências estrelares se elas não são atos puros. Algo que é simultaneamente imaterial e tem potência não cabe bem no esquema aristotélico das coisas.

Aos ouvidos modernos, soa como mítica a explicação de Aristóteles para aquilo que mantém o universo perpetuamente em movimento. Todavia, é interessante seguir o raciocínio que o levou a afirmar a existência do ser imaterial e perfeito que chamou de Deus. Esse raciocínio oferecia um modelo para pensadores posteriores em seus esforços de provar a existência de Deus – não do Deus de Aristóteles, mas o Deus do Gênesis, o Deus que criou o mundo a partir do nada.

A concepção de Deus como Primeiro Motor e a concepção de Deus como Criador são semelhantes em três aspectos: a imaterialidade, a imutabilidade e a perfeição do Ser Divino. Mas o Primeiro Motor de Aristóteles só serve para explicar a imutabilidade do universo e seu movimento perpétuo. Foi a necessidade de explicar isso que levou Aristóteles a desenvolver sua teoria do movimento dos corpos celestes e sua concepção do Primeiro Motor como causa final de seus movimentos.

Aristóteles não julgava necessário explicar a existência do universo. Por ser eterno, ele nunca passou a existir e, assim, a seus olhos, não precisava de uma causa eficiente que lhe fizesse ser – uma causa operada como um produtor humano que faz uma obra de arte. Costumamos dizer que o ser humano que produz algo é criativo. No entanto, o criador humano sempre tem os materiais da natureza para trabalhá-los. Ele não faz algo a partir do nada. Ele, portanto, não cria no mesmo sentido em que se julga que Deus cria.

A concepção de Deus como Criador veio da necessidade de explicar a existência do universo, assim como a concepção de Deus como Primeiro Motor surgiu na mente de Aristóteles por causa da necessidade de explicar a eternidade do universo e seu movimento perpétuo. É difícil determinar se a concepção de Deus como Criador teria surgido na mente de pensadores posteriores do Ocidente sem a sentença inicial do Gênesis, "no princípio, Deus criou o céu e a terra". Isso é considerado uma verdade divinamente revelada pelas três grandes religiões do Ocidente – o judaísmo, o cristianismo e o islamismo.

*

Seria natural e razoável perguntar se Aristóteles teria aceitado ou rejeitado aquilo que essa sentença afirma. Como ele julgava que o universo era eterno, será que não teria negado que o universo teve um começo? E, ao negar isso, será que ele não teria rejeitado a ideia de um Deus que o tivesse criado?

Se criar é fazer que algo que não existia passe a existir (algo comparável àquilo que o artista humano faz ao produzir uma obra de arte), então um mundo que não tem começo não precisa de criador. Mas mesmo um mundo que não tem começo pode precisar de uma causa para continuar existindo se sua existência não for necessária. Para Aristóteles, algo que não existe necessariamente é algo que pode existir ou não. Se o mundo não existe necessariamente, pode deixar de existir. O que, então, mantém um mundo que pode deixar de existir em perpétua existência?

O próprio Aristóteles nem levantou nem enfrentou essa questão. Tivesse feito isso, poderia ter raciocinado até concluir que alguma causa era necessária para manter o universo existindo perpetuamente, assim como raciocinou até concluir que alguma causa era necessária para manter o universo perpetuamente em movimento. Uma pequena alteração no significado da palavra "criador" faria a conclusão atingida levar ao conceito de Deus como Criador, não só como Primeiro Motor.

Num sentido da palavra, criar é fazer que algo que não existe passe a existir. Em outro sentido da palavra (um sentido mais sutil, talvez), criar é causar a existência daquilo que pode existir ou não, sem considerar o fato de aquilo passar a existir. É nesse último sentido da palavra, mais sutil, que Aristóteles poderia ter concebido Deus simultaneamente como Primeiro Motor e como Criador.

*

As teorias aristotélicas descritas neste capítulo e a teoria que sugeri que ele poderia ter desenvolvido dentro do arcabouço de sua filosofia não fazem parte do senso comum. Não são nem sofisticações do senso comum, ainda que possam basear-se nessas sofisticações.

Sob esse importante aspecto, as teorias discutidas neste capítulo diferem das ideias filosóficas que discutimos em capítulos anteriores deste livro. As teorias discutidas neste capítulo podem ser consideradas a teologia de Aristóteles, não sua filosofia. Se sua teologia não tem relação com nosso senso comum, como tem sua filosofia, ela ao menos tem relação com crenças religiosas comuns – crenças religiosas que têm sido dominantes no Ocidente há mais de dois mil anos. Esse fato é a razão por que julgo que a concepção aristotélica de Deus e o raciocínio que o levou a desenvolvê-la devem ser incluídos neste livro.

EPÍLOGO
PARA AQUELES QUE LERAM OU QUEREM LER ARISTÓTELES

Na introdução deste livro, recomendei a todos que desejam aprender a pensar filosoficamente que tivessem Aristóteles como o primeiro professor. Não recomendei que ninguém começasse lendo os livros que Aristóteles mesmo escreveu. Essa é a última coisa que eu sugeriria a alguém.

Os livros de Aristóteles são difíceis demais para iniciantes. Mesmo nas melhores traduções, muito daquilo que se diz continua obscuro. Os tradutores usam muitas palavras incomuns, palavras que não usamos em nossa linguagem cotidiana. Ainda que algumas palavras usadas por Aristóteles fossem palavras que seus conterrâneos gregos usavam, ele lhes dava sentidos particulares.

Ainda assim, alguns leitores deste livro podem querer ler as partes das obras de Aristóteles das quais tirei a inspiração para a exposição de seu pensamento. É até possível que entre os leitores deste livro haja alguém que já leu as obras de Aristóteles – se não integralmente, ao menos alguns de seus principais tratados. Eles podem querer contrapor minha exposição aos textos que usei para extrair os grandes princípios do pensamento de Aristóteles.

Devo confessar a ambos os grupos de leitores que, sempre que possível, fiz simplificações. Troquei as palavras incomuns por outras comuns. Mantive-me fiel à orientação principal de Aristóteles nos pontos principais de sua doutrina, e nunca me dei ao luxo de ter me desviado do caminho principal pelas relativizações, complexidades e sutilezas que o próprio Aristóteles apresenta, o que costuma deixar seus leitores mais perplexos do que esclarecidos.

Para oferecer àqueles que leram ou que desejam ler Aristóteles um guia dos textos que me serviram de fontes, preparei um índice de matérias deste livro, paralelo ao sumário que aparece no começo. Nesse índice, mudei todos os títulos, trocando o conjunto de títulos que descreve de modo mais preciso as doutrinas aristotélicas expostas nas cinco partes e 23 capítulos deste livro pelos títulos originais (que eram adequados ao estilo e ao conteúdo de minha apresentação do pensamento de Aristóteles).

Para deixar isso claro, coloquei, entre colchetes, após os títulos com descrições mais precisas, os títulos que aparecem no sumário deste livro. Sob o título de cada um dos 23 capítulos, às vezes colocarei breves sentenças, em linguagem aristotélica, sobre as doutrinas expostas no capítulo. Em todos os casos, colocarei uma lista de referências aos devidos trechos das obras de Aristóteles, e às vezes indicarei a relevância particular de um trecho específico que esteja sendo citado.

Parte I. O *universo do discurso segundo Aristóteles: suas categorias e sua taxonomia* [O homem como animal filosófico]

1. *A classificação quádrupla de Aristóteles das substâncias sensíveis e materiais: corpos inorgânicos, vegetais, animais, homens* [Jogos filosóficos]

Nesse capítulo tratamos dos critérios usados por Aristóteles para distinguir entre as coisas vivas e as não vivas; no domínio das coisas vivas, entre vegetais e animais; e, no domínio da vida animal, entre bestas e animais racionais, isto é, seres humanos.

Metafísica, Livro I, cap. I.
Sobre a Alma, Livro I, cap. I, V; Livro II, cap. I-III, V, IX; Livro III, cap. III, XII
História dos Animais, Livro X, cap. I.
Geração dos Animais, Livro I, cap. I-IX; Livro IV, cap. IV-VI.
Partes dos Animais, Livro I, cap. IV-V.

Diga-se ainda que Aristóteles estava ciente das dificuldades de aplicar esse esquema classificatório. As dificuldades são devidas à existência de casos limítrofes que ficam dos dois lados da linha que separa o que é vivo do que não o é, e as plantas dos animais.

História dos Animais, Livro VIII, cap. I.

Apresenta-se a distinção entre diferenças essenciais e acidentais.

Categorias, cap. V.
Metafísica, Livro V, cap. IV, XI, Livro IX, cap. VIII.

2. *A gama dos seres: as dez categorias* [A grande divisória]

Nesse capítulo tratamos do ser dos objetos que não existem do modo como substâncias sensíveis e materiais existem (por exemplo, objetos matemáticos, ficções, mentes, ideias, substâncias imateriais como as inteligências incorpóreas que constituem os motores celestiais, e Deus).

Metafísica, Livro III, cap. V-VI; Livro XII, cap. VIII; Livro XIII, cap. I-V.
Sobre o Céu, Livro II, cap. I, XII.
Sobre a Alma, Livro III, cap. IV-VI.

A distinção entre substância e acidente, isto é, entre corpos e seus atributos.

Categorias, cap. V-VII.
Física, Livro I, cap. II.
Metafísica, Livro VII, cap. IV-VI.

A distinção anterior diz respeito às substâncias materiais como sujeitos de mudança, e a seus acidentes como os aspectos em que elas mudam.

Física, Livro I, cap. VI-VII; Livro II, cap. III.

A essência ou a natureza específica em relação à forma substancial.

Metafísica, Livro V, cap. IV, XI; Livro VII, cap. XVI; Livro VIII, cap. VI; Livro IX, cap. VIII.
Sobre a Alma, Livro II, cap. IV.

A hierarquia das naturezas ou essências específicas.

Metafísica, Livro VIII, cap. III.

Sobre a Alma, Livro II, cap. III.

O inventário de Aristóteles das diversas categorias a que pertencem os atributos acidentais da substância.

Categorias, cap. IV.

Entre os acidentes da substância, alguns são permanentes ou imutáveis; são as propriedades inseparáveis da natureza essencial de cada tipo de substância material.

Tópicos, Livro V, cap. I-III.

A atitude de Aristóteles em relação à ambiguidade das palavras.

Da Interpretação, cap. I.
Tópicos, Livro II, cap. IV.

3. *A razão ou inteligência produtiva, prática e teórica* [As três dimensões do homem]

Esse capítulo resume brevemente a tripla divisão de Aristóteles da atividade intelectual ou o pensamento em pensamento voltado para a produção de coisas, o pensamento voltado para a ação política e moral, e o pensamento voltado para a aquisição de conhecimento enquanto fim em si mesmo.

Ética, Livro VI, cap. II, IV.
Sobre a Alma, Livro III, cap. VII.

Parte II. *A filosofia aristotélica da natureza e da arte* [O homem como fazedor]

4. *A natureza como artista e o artista humano como imitador da natureza* [Crusoé segundo Aristóteles]

A diferença entre aquilo que acontece por meio da natureza e aquilo que acontece por meio da arte.

Física, Livro I, cap. VII, VIII; Livro II, cap. I-III, VIII-IX.
Poética, cap. I-IV.

A diferença entre aquilo que acontece por meio da arte e aquilo que acontece por acaso.

Física, Livro II, cap. IV-VI.
Política, Livro I, cap. XI.

A diferença entre as mudanças causadas pela natureza e as mudanças causadas pela arte.

Metafísica, Livro VII, cap. VII-IX.

A diferença entre a produção de coisas corpóreas pelo homem e a geração ou procriação de coisas vivas na natureza.

Geração dos Animais
Metafísica, Livro VII, cap. VII

5. Os três principais modos de mudança acidental: *mudança de lugar, mudança de qualidade, mudança de quantidade* [Mudança e permanência]

A distinção entre mudança substancial e mudança acidental, e a diferenciação de três modos distintos de mudança acidental.

Categorias, cap. XIV
Física, Livro III, cap. I; Livro V, cap. I-II, V; Livro VII, cap. IV; Livro VIII, cap. VII.

As substâncias corpóreas como sujeitos permanentes ou duradouros que persistem ao longo de todas as mudanças acidentais.

Física, Livro I, cap. VI-VII; Livro II, cap. I-III.
Metafísica, Livros VIII-IX; Livro XII, cap. I-V.

A refutação aristotélica da negação de Parmênides da mudança e da negação de Heráclito da permanência.

Física, Livro I, cap. II-IV, VIII-IX; Livro VI, cap. IX.

A distinção aristotélica entre movimento natural e movimento violento.

Física, Livro IV, cap. I, VIII; Livro V, cap. VI; Livro VIII, cap. IV.

Sobre o Céu, Livro I, cap. II-III, VII-VIII.

O caráter particular do sujeito da mudança na geração e na corrupção: a matéria-prima como sujeito de mudança na mudança substancial.

Física, Livro I, cap. VII; Livro II, cap. I-III.
Metafísica, Livro VII, cap. VII-IX; Livro XI, cap. XI; Livro XII, cap. II-III.

6. *A doutrina aristotélica das quatro causas: eficiente, material, formal e final* [As quatro causas]

A doutrina mencionada.

Física, Livro II, cap. III-IX.
Metafísica, Livro I, cap. III-X; Livro V, cap. III; Livro VI, cap. II-III; Livro VII, cap. XVII; Livro VIII, cap. II-IV; Livro IX, cap. VIII; Livro XII, cap. IV-V.

Consideração sobre as causas finais na natureza e na arte.

Física, Livro II, cap. VIII-IX.
Sobre a Alma, Livro II, cap. XII-XIII.
Partes dos Animais, Livros II-IV.
Geração dos Animais, Livro I, cap. IV-XIII.

O papel da potência e do ato nas mudanças de substância e de acidente.

Física, Livro III, cap. I-III.
Metafísica, Livro I, cap. VI-VII; Livro VII, cap. III, VII-XVII; Livro VIII, cap. IV-VI; Livro XII, cap. II-V.

O papel da substância como causa material e da forma acidental como causa formal na mudança de acidente, e da matéria-prima como causa material e da forma substancial como causa formal na mudança de substância.

Física, Livro I, cap. IV-IX; Livro II, cap. VII; Livro II, cap. III.
Metafísica, Livro I, cap. VI-VII; Livro V, cap. VIII; Livro VII, cap. III, VII-XVII; Livro VIII, cap. IV-VI; Livro IX, cap. VI-IX; Livro XII, cap. II-V.

7. *Maiores desenvolvimentos da teoria da potência e do ato, e da matéria e da forma, sobretudo no que diz respeito à mudança de substância, ou à geração e à corrupção* [Ser e não ser]

    Física, Livro III, cap. I-III.
    Metafísica, Livro VII, cap. VI-IX; Livro IX, cap. I, III-IX; Livro XI, cap. IX, XI; Livro XII, cap. II-III, V.
    Sobre a Geração e a Corrupção, Livro I, cap. I, III-V; Livro II, cap. I, VII, IX.

8. *A análise aristotélica dos fatores intelectuais da produção artística e sua classificação das artes* [Ideias produtivas e saber prático]

A virtude intelectual da arte.

    Ética, Livro VI, cap. IV.

O artista como imitador.

    Poética, cap. I-V.

O caráter particular de três artes cooperativas: a agricultura, a medicina e o ensino.

    Física, Livro II, cap. I-II, VIII.

A beleza dos produtos benfeitos.

    Poética, cap. VII.

Parte III. *Filosofia moral e política de Aristóteles* [O homem como ator]

9. *O fim como primeiro princípio no pensamento prático e o uso dos meios como início da ação: o fim como primeiro na ordem da intenção e último na ordem da execução* [Pensando sobre fins e meios]

O bem como aquilo que é desejável, e aquilo que é desejável como o bem.

    Ética, Livro I, cap. I-II.

A distinção entre fins e meios como bens desejáveis por causa de si mesmos e bens desejáveis por causa de outra coisa.

Ética, Livro I, cap. V, VII, IX.

O fim último no pensamento prático, comparado com axiomas de verdades autoevidentes do pensamento teórico.

Segundos Analíticos, Livro I, cap. II.

10. *A felicidade concebida como aquilo que não deixa nada a desejar e, por ser concebida assim, o bem último ou definitivo a buscar* [Viver e viver bem]

A distinção entre viver e viver bem.

Política, Livro I, cap. I-II, IX.

A concepção de felicidade como uma boa vida completa, junto com várias visões sustentadas por indivíduos sobre o que consiste a boa vida.

Ética, Livro I, cap. IV-V, VII-X; Livro X, cap. II, VI-VIII.

11. *A distinção aristotélica entre bens reais e aparentes, ou entre bens que devem ser desejados e bens que são efetivamente desejados, e também sua distinção entre os desejos naturais e adquiridos* [Bom, melhor, o melhor]

Ética, Livro II, cap. VI; Livro III, cap. IV-V; Livro X, cap. V.
Sobre a Alma, Livro II, cap. II-III; Livro III, cap. III, VII.
Retórica, Livro I, cap. VI-VII.

12. *Os verdadeiros bens que são os componentes do todo dos bens que constituem a felicidade, e a indispensabilidade da virtude moral para a busca da felicidade* [Como buscar a felicidade]

Ética, Livro I, cap. IV-V, VII-X; Livro VII, cap. XI-XIV; Livro IX, cap. IV, VIII-XI; Livro X, cap. I-VIII.

13. *A virtude moral e a boa fortuna, os dois fatores operativos indispensáveis na busca da felicidade* [Bons hábitos e boa sorte]

A virtude moral em geral e os três principais aspectos da virtude moral: temperança, coragem e justiça.

Ética, Livros II-V.

A boa fortuna, indispensável à felicidade: a distinção entre o homem virtuoso e o venturoso.

Ética, Livro I, cap. X; Livro VII, cap. XIII; Livro X, cap. VIII.
Política, Livro VII, cap. I, XIII.

A distinção entre os bens limitados e os bens ilimitados: a virtude moral resulta da moderação com os bens limitados.

Ética, Livro VII, cap. XIV.
Política, Livro I, cap. VIII-X; Livro VII, cap. I.

14. *As obrigações do indivíduo em relação à felicidade alheia e em relação ao bem-estar da comunidade organizada* [O que os outros têm o direito de esperar de nós]

O homem como animal social e político.

Política, Livro I, cap. I-II.

A família, a tribo e o Estado, ou sociedade política, como comunidades organizadas.

Política, Livro I, cap. I-II.

A justiça como virtude moral direcionada para o bem alheio.

Ética, Livro V, cap. I-II.

A distinção entre justiça, de um lado, e amizade ou amor, de outro.

Ética, Livro VIII, cap. I, IX.

Os tipos de amizade.

Ética, Livro VIII, cap. II-VI.

15. *O papel do Estado em incentivar ou facilitar a busca da felicidade por cada indivíduo* [O que temos o direito de esperar dos outros e do Estado]

A concepção de Aristóteles do bom Estado como aquele que promove a busca da felicidade por seus cidadãos.

> *Política*, Livro I, cap. II; Livro II, cap. VI; Livro III, cap. IX-X; Livro VII, cap. I-III, cap. XIII-XIV.

A teoria aristotélica das formas de governo, e dos critérios para julgar a bondade ou maldade das diversas formas de governo.

> *Política*, Livro I, cap. I, V, XII-XIII; Livro III, cap. VI-VII, XI, XV-XVI; Livro V, cap. II-III, VIII, XII; Livro VI, cap. IV; Livro VII, cap. II, XIV.

A distinção aristotélica entre escravidão natural e escravidão legal ou convencional.

> *Política*, Livro I, cap. IV-VII, XIII.

A teoria aristotélica da distinção entre a justiça natural e a justiça legal ou convencional.

> *Ética*, Livro V, cap. VII.

A visão de Aristóteles do papel das mulheres na família e no Estado.

> *Política*, Livro I, cap. XIII.

Parte IV. *A psicologia, a lógica e a teoria do conhecimento de Aristóteles* [O homem como conhecedor]

16. *Os sentidos e o intelecto: a percepção, a memória, a imaginação e o pensamento conceitual* [O que entra na mente e o que sai dela]

A relação entre linguagem e pensamento.

> *Categorias*, cap. I.
> *Da Interpretação*, cap. I-II.

A descrição aristotélica dos sentidos externos e de sua distinção dos sentidos internos: o sentido comum, a memória e a imaginação.

Sobre a Alma, Livro II, cap. V-XII; Livro III, cap. I-III.
Sobre a Sensação (Parva naturalia 1)
História dos Animais, Livro IV, cap. VIII.

A distinção entre meras sensações e a experiência da percepção.

Metafísica, Livro I, cap. I.

A doutrina aristotélica de que as sensações e as ideias, tomadas em si mesmas ou isoladas, não são nem verdadeiras nem falsas.

Categorias, cap. IV.
Da Interpretação, cap. I.
Sobre a Alma, Livro II, cap. VI; Livro III, cap. III, VI.
Metafísica, Livro IV, cap. V; Livro V, cap. XXIX.

A teoria aristotélica das ideias como formas que o intelecto abstrai da experiência.

Sobre a Alma, Livro III, cap. IV, VII-VIII.
Metafísica, Livro XIII, cap. II-III.

17. *Inferência imediata e raciocínio silogístico* [Os termos peculiares da lógica]

A lei da contradição como princípio ontológico e como regra de pensamento.

Da Interpretação, cap. VI.
Primeiros Analíticos, Livro II, cap. XVII.
Segundos Analíticos, Livro I, cap. XI.
Metafísica, Livro IV, cap. III-VIII; Livro IX, cap. V-VI.

O quadrado da oposição: contraditórios, contrários e subcontrários.

Da Interpretação, cap. VI, X.
Categorias, cap. X.
Primeiros Analíticos, Livro I, cap. II.

Inferência imediata a partir do quadrado da oposição.

>   *Da Interpretação*, cap. VII-X.
>   *Primeiros Analíticos*, Livro I, cap. II-III; Livro II, cap. VIII-X, XXII.

As regras do silogismo.

>   *Primeiros Analíticos*, Livro I.
>   *Segundos Analíticos*, Livro I, cap. XII.

A distinção aristotélica entre validade lógica e verdade factual.

>   *Primeiros Analíticos*, Livro II, cap. II-IV.
>   *Segundos Analíticos*, Livro I, cap. XII.

O entimema na argumentação retórica.

>   *Primeiros Analíticos*, Livro II, cap. XXVII.
>   *Retórica*, Livro II, cap. XX, XXII.

18. *Verdade teórica e verdade prática* [Dizer a verdade e pensá-la]

A definição de verdade.

>   *Metafísica*, Livro IV, cap. VII.
>   *Categorias*, cap. V.

A verdade dos axiomas ou primeiros princípios: verdades autoevidentes.

>   *Segundos Analíticos*, Livro I, cap. III, V, X, XII.

Sentenças que não são verdadeiras nem falsas.

>   *Da Interpretação*, cap. II.

A teoria aristotélica da diferença entre a verdade de afirmações factuais e afirmações normativas: "afirmações de ser" e "afirmações de dever ser".

>   *Ética*, Livro VI, cap. II.

A certeza ou a probabilidade com que as proposições são afirmadas ou negadas.

>   *Da Interpretação*, cap. IX.

Primeiros Analíticos, Livro I, cap. XIII; Livro II, cap. XXV.
Segundos Analíticos, Livro I, cap. II, VI, VIII, XXX, XXXIII.
Metafísica, Livro IV, cap. IV-VI; Livro VI, cap. I; Livro IX, cap. VI-VII.

19. A teoria aristotélica do conhecimento e sua distinção entre o conhecimento e a opinião correta [Além de dúvida razoável]

Categorias, cap. V.
Primeiros Analíticos, Livro I, cap. XIII.
Segundos Analíticos, Livro I. cap. II, IV-VIII, XXX, XXXIII.
Tópicos, Livro I, cap. II.
Retórica, Livro II, cap. XXV.
Metafísica, Livro IV, cap. IV; Livro VI, cap. II; Livro VII, cap. XV; Livro IX, cap. X; Livro XI, cap. VI, VIII.
Sobre a Alma, Livro III, cap. III.

Parte V. *A cosmologia e a teologia de Aristóteles* [Questões filosóficas difíceis]

20. O *infinito atual e o infinito potencial* [A infinitude]

Crítica de Aristóteles à teoria dos atomistas.

Física, Livro I, cap. II.
Sobre o Céu, Livro III, cap. IV; Livro IV, cap. II.

Doutrina de Aristóteles quanto à divisibilidade infinita das magnitudes contínuas e da matéria.

Física, Livro III, cap. I, VI-VII; Livro V, cap. III; Livro VI, cap. I-II.
Metafísica, Livro III, cap. IV; Livro V, cap. XIII.

Aristóteles nega as multitudes e magnitudes infinitas em ato e afirma os infinitos potenciais de adição ou de divisão.

Física, Livro III, cap. IV-VIII.
Metafísica, Livro XI, cap. X.

21. *A eternidade do mundo e do movimento ou da mudança* [A eternidade]

A concepção aristotélica do tempo como medida do movimento.

Física, Livro IV, cap. X-XIV.

Argumentos de Aristóteles para a eternidade do tempo e para a perpetuidade do movimento ou da mudança.

Física, Livro VII, cap. I-II; Livro VIII, cap. I-VI, VIII.

Teoria de Aristóteles da influência do movimento celeste sobre os movimentos e mudanças terrestres.

Sobre o Céu, Livro I, cap. II, IX-XII; Livro II, cap. III.
Sobre a Geração e a Corrupção, Livro II, cap. X-XI.

Concepção de Aristóteles da imutabilidade ou eternidade de Deus; a atemporalidade do eterno ou imutável.

Metafísica, Livro XII, cap. VI-VII, IX.

22. *A imaterialidade do intelecto humano: o pensamento conceitual, que abstrai as formas da matéria* [A imaterialidade da mente]

Segundos Analíticos, Livro I, cap. III.
Sobre a Alma, Livro III, cap. IV-V, VII-VIII.
Metafísica, Livro XIII, cap. II-III.

23. *O primeiro motor. O ser divino enquanto ato puro.* [Deus]

Teoria de Aristóteles das inteligências como motores celestiais.

Sobre o Céu, Livro II, cap. I, XII.
Metafísica, Livro XII, cap. VIII.

Argumentos de Aristóteles para a existência de um motor imóvel que causa os movimentos celestes ao modo de uma causa final não eficiente.

Física, Livro VIII, cap. I-VI.
Metafísica, Livro XII, cap. VI-IX.

Você também poderá interessar-se por:

Livros sobre a arte de falar há muitos, mas poucos se dedicam à arte de ouvir. Com sua erudição e clareza, Mortimer Adler aborda neste volume ambas as atividades em seções distintas dedicadas ao discurso ininterrupto, à escuta silenciosa e à conversa de mão dupla. Fundamental para estudantes, homens de negócios, políticos, conferencistas e todos que desejam aperfeiçoar suas habilidades comunicativas.

Qual a diferença entre conhecimento e opinião? O que é amor? Quem é Deus? O que é justiça? O que é beleza? Mortimer Adler apresenta aqui as Grandes Ideias, uma série de problemas de que filósofos, escritores e artistas têm se ocupado ao longo de toda a história da humanidade.

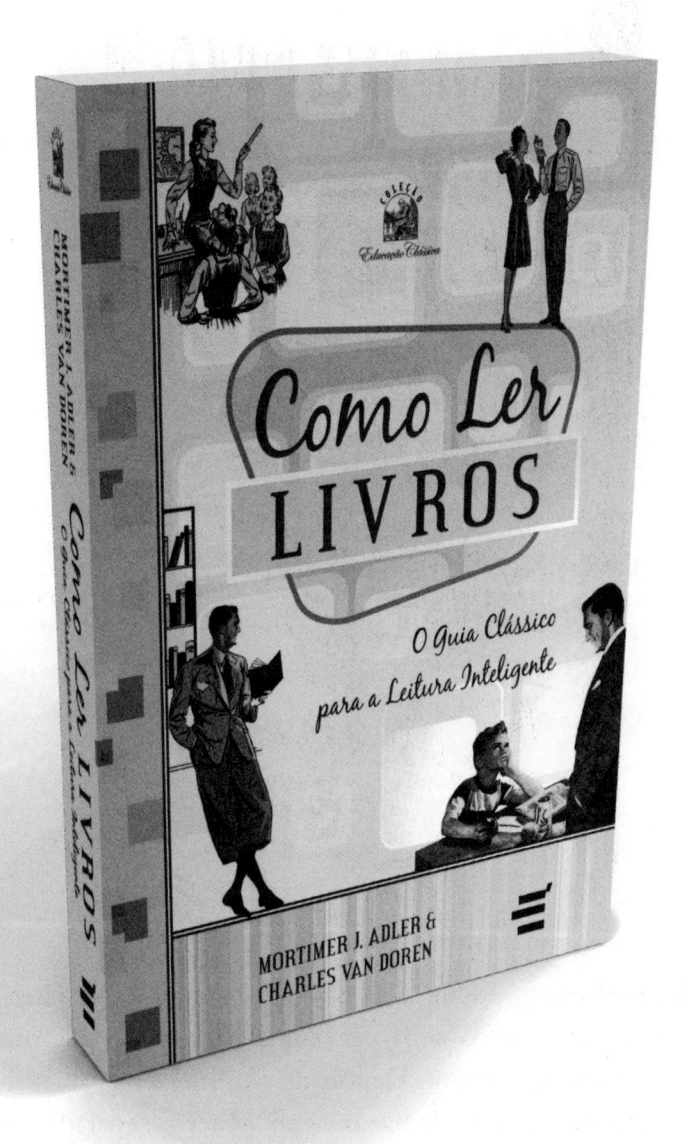

Neste clássico, Mortimer Adler nos ensina a praticar a leitura em diferentes níveis — elementar, inspecional, analítica e sintópica — e nos ajuda a adequar nossa expectativa e forma de leitura ao tipo de livro que pretendemos ler. Não se lê um romance da mesma forma que se lê ciência. Não se lê ciência da mesma forma que se lê história. Mais que um livro de técnicas de leitura, trata-se de um verdadeiro tratado de filosofia da educação.

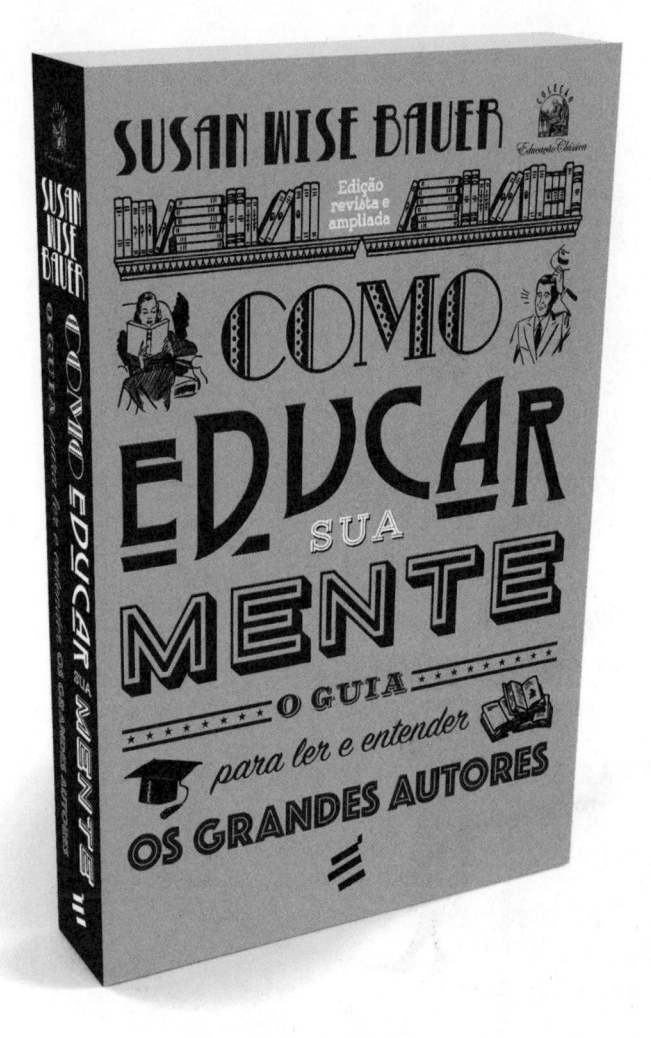

Em *Como Educar sua Mente*, Susan Wise Bauer descreve as três fases da tradição clássica: ler para conhecer os fatos; ler para avaliar os fatos e, finalmente, ler para formar as próprias opiniões. Depois de explicar a mecânica de cada fase, Bauer oferece uma seção "lista de livros", com gêneros separados em capítulos. Ela introduz cada gênero com um resumo de seu desenvolvimento histórico e os principais debates acadêmicos sobre eles. Em seguida, vêm listas, com cerca de 30 grandes obras de cada gênero, acompanhadas de dicas sobre como escolher a edição de cada livro e um resumo do conteúdo do livro.

facebook.com/erealizacoeseditora   twitter.com/erealizacoes   instagram.com/erealizacoes   youtube.com/editorae

issuu.com/editora_e   erealizacoes.com.br   atendimento@erealizacoes.com.br